U0119457

投資理財系列 6

平民百萬富翁 教戰手則

羅守至 著

——60個日常生活 理財實例

 博客思出版社

自序

　　我大學念工學院研究所，在美國念商研所MBA，所以造就我看事情會看重點、看核心。做財務規劃的工作有十多年，每天面對客戶的柴、米、油、鹽、買屋、賣屋、投資理財的瑣事。由於我的勤勞，我見過了數萬個老百姓，有企業董事長，也有工廠的作業員；有節儉成性的，也有奢侈度日的朋友，幾萬個人所歸納出來的實務經驗應該有代表性。然而我跑客戶的經驗中，許多人理財，理的很成功也有許多人需要幫忙，有很多錯誤是可以是預防，避免不需付血淚的代價，甚至可以用簡單實用的原則，讓自己財富翻倍達到財富自由，然而我建議讀者可有合理的懷疑，但要以謙卑心來閱讀此書，因為謙卑的態度，才能學習更多！比如我曾建議親友理財的基本鐵律，是支出永遠小於收入，且盡量不要借貸來享受，他們不夠謙卑，不理我意見時，結果就是債台高築，四處借貸來支付小孩學費或買高價電腦和家具，惡性循環的經濟壓力，逼使他們不斷再向親友借貸度日，也成為親友的夢魘。我常跟客戶說年輕時節儉些，多存多投資，不需很久，就可以過優渥的日子，甚至財富自由。年輕朋友跟我，說我要活在當下，我很認同，只是如果沒善用有限的時間與薪水資源，讓財富累積快些，恐怕越老越辛苦，隨年齡增長也很難有足夠財富，享受人生，所以可以在前段花小錢的享受，存大錢的投資，讓自己早點財富自由，意思就是寧願辛苦一陣子，而不要一輩子。我自己就是好見證，

比如我的每月支出一定少於收入，經常是可以存下大部分的收入，同時我非常努力的工作與理財，結果在十年上下的光景，我的資產因勤奮工作與聰明理財突飛猛進。我不算有錢人，但至少可以計畫憑著理財收入（績優股息、房租、公司債及公債利息）支付我家庭一百多萬的年支出，也就是我不用工作就有錢流進來支付我家的開銷，我家的開銷：包含父母孝養金紅包、小孩學校及安親班學費、我、父母及孩子的固定儲蓄、醫療險、家庭年度生活及旅遊費，目前我等待績優股價及香港公債價格下滑就會進場佈局，屆時年利息超過一百萬同時本金還在，這個目標勢在必得，盼望在一年內完成，我知道有朋友完全將資金投入高息股績效很高，只是我除了佈局高息股外，我分散資金到報酬稍低，但還不錯的房產、公司債、公債、年金險是為了分散風險。如果您真的計算到您的理財收入大於等於家庭年支出，這時您可以開始選擇過您想過的生活方式不為錢工作。

本書中我不談高風險的期貨選擇權，理由是我認為富貴最好在穩中求，當然許多朋友操作高風險工具有他一套也賺很多錢，只是比例不高，況且學習高風險工具操作，代價不低學完也未必賺錢，為了讀者的能賺錢的成本效益提升，我比較集中在股票、基金、房產、外匯、保險等通俗的理財工具。如果賺錢可以很簡單，請問為什麼要搞的複雜？本書中六十多個經典的案例常發生在我們生活中，能由別人的經驗中學習是避免錯誤走向成功的捷徑，讀者可以選取某個喜好的投資工具來研

究這些故事，從而增進自己的操作技巧，避免別人犯過的錯誤。你知道嗎？你我他一樣是人，故事中主角所犯的錯，你我都有可能犯，所以投資每項工具前，最好先讀一下此書眉角再寫下投資明細計畫，嚴格執行。然而書寫您的投資計畫，盡量在心靜時書寫確保計畫品質，執行時只要按著數字進行就好，簡單說房產、基金、股票、及外匯等工具，進場在五年或十年均價以下，出場在均價以上，大概就不會有太大問題，完善的保險是一定要有的基本保障，理財可以很單純。坊間流行許多錢相關的雜誌，所以每個人都想變的富有是確定的。此書系統化的整理出我見聞的故事，能讓您在很短時間了解別人跑了十幾年所見聞的理財故事，很可能您在本書中看到其中有一個主角很像你或親友。因為本書取材於平民大眾，我希望您能從本書的故事中學到正確的理財觀念與方法，同時我也鼓勵您也可增加心靈上的財富。比如信仰上帝所得的平安喜樂是錢所買不到的，我認為同時擁有物質與心靈上的財富才是真的快樂與幸福！

第三篇　縱橫國際求富貴

外匯篇 ················· 062

第一篇

翻雲覆海御金龍

股票篇

故事一：如何不用工作就有錢花

　　黃先生是我的大學同學，中原化工系畢業後，順利地考上東海化工研究所，畢業服役後，理所當然的到化工廠上班。幾年後，他覺得他不適合這樣的生活，便去報考國小老師，也順利考上。在教書的五、六年間，雖然工作穩定，薪水也夠開銷，但是他認為這也不是他想要的生活，他甚至對工作感到厭惡。可是不工作的話，那來的收入維持日常生活呢？國小老師的月薪約五、六萬，雖然夠全家花用，但是也很難存錢，想靠當老師致富有非常大的難度。於是他每天教書的時候就在想，有什麼方法可以不用工作又有錢賺，最好是不用工作就有足夠的錢供全家花用。於是他積極的研究股票，結果不到十年的時間，他藉著東拼西湊的資金，最後真的達到他的願望：不工作卻有足夠的錢花用，即財務自由。以下是他投資股票成功的秘方。

　　據說他為了籌措投資股票的資金，曾經全家四口擠在一間出租小套房裡，也曾經全額貸款買下位於台北萬里鄉，幾乎是貧民窟、一間一百萬出頭的房子居住，這些都是為了要多籌點資金來投資股票，以下是他投資股票的經過：

★ 找低點賺股利及股價差

　　他與太太在之前工作的八、九年間累積了約五百萬的積蓄，投資股票就從這筆資金開始。這時約為民國九十三年，那時他為了多積攢點投資資本，縮衣節食，儘量地節省支出，所以住在萬里的房子(一百多萬)全用貸款，此外每次進場投資的融資額約兩百萬，年利約六％，及信貸二、三十萬約五％，這樣連本金就有七、八百萬可以投進股市了。其實融資信貸是有風險的，但他敢借錢融資是因為選股贏面有九成，即股價漲跌比

約九比一,這從公司的財務及產業面即可判斷:例如,他買大豐電視股價三十元,現金股利為三元,光現金殖利率就是十%了,(他因當時是國小老師,享有退稅優惠,所以實際利率應是十三%。若您是軍公教免稅優惠者,請自行加上退稅優惠。)所以五百萬本金乘上十%利息就賺五十萬,借貸的三百萬乘上四%(殖利率十%減借貸利率四%)等於約十二萬,這樣共賺六十二萬利息所得。股價價差即資本利得部分是兩百六十六張的大豐有線(八百萬購買)乘上每張十元的漲幅,共賺進了兩百六十六萬元,所以連同利息共賺約三百二十八萬元,除以本金五百萬報酬率為六十六%,獲利近七成,這算第一回合獲利。以此類推,再忍耐等候大盤下跌,再找一檔好股票,以此法做波段兼賺股利與股價差,再做個幾回合本金就變大很多了。

以上的信貸與融資(借錢買股票)其實含有不低的風險,尤其是融資遇股價大跌容易斷頭(強迫較低價賣出會虧很多錢),他當時是評估贏面有九成才敢這樣貸款投資。現在他的資本已增加不少,但已不敢、也不須冒這樣的風險了,現在有理財型房貸利率約三%,風險較低些,借的錢可拿來用也可還房貸。

★ 本金大可賺多價差,利息也較穩

接著他購買大聯大ic通路公司的股票,評估的是它的高市佔率及業績高成長,一張股價十多元,現金股利兩塊多,加上現在他的本金已經變大了,所以一口氣放了一千五百萬元進去,買它個一千張,一張漲了三塊現賺三百萬,(評估過股價跌的機率很低,即便套牢還有股利)。

★ 如何選好的股票

如何選擇好的股票做為投資標的，最主要的有：

一、老板品格好。

二、公司債務低、獲利高財務穩健。

三、公司競爭力強為產業龍頭。

四、公司本益比最好在十或八以下。

五、高現金殖利率(有五年以上的好紀錄)，就是現金
股利除以股價。

六、股價不要太高，股價太高風險也高（不保證一直
都賺錢）

以上條件的來源都有公開資訊，可自股市綜覽、yahoo股市
或股市公開資訊網站中找到，投資者可以直接去找高殖利率股
票檔案，再從裡面用以上條件篩選好股票。

★ 金融海嘯的衝擊

當金融海嘯時，全民皆套牢，大家都慘。他這時帳面虧了
一千多萬，只是他對以上的選股條件深具信心，所以認為價格
還是會漲回，若是一般人虧一千萬恐怕早就吃不下飯了；但神
奇的是，他被套住後仍有足夠的股利夠全家生活(所以為何高股
利股票比較好)。約莫一年後，他的股票經過他的換股操作及耐
心等候，帳面虧的錢全贖回！關鍵是他買好股、換好股及耐心
等候。

我有朋友之前買中環，原本股價一百多元一張現在變成十多塊一張，幾乎就是回不去原價了，這就是選股(因競爭力不強)有誤，因此虧大了。好股票大多會在適當的時機反彈上揚，尤其是競爭力好的高殖利率龍頭股，比如中鋼，但它仍受景氣影響。

★ 有一定本金時買高殖利率股賺利息

在茂順一張四十多元時買了五百張，現金股利一張二點八元，他一年的現金股利就領了約一百四十萬了，對生活不僅非常夠用，而且套牢也不怕，因為五百張乘以二點八元的股利約一百四十萬元，至少看好公司有賺錢，股利穩定；不穩定時再換股操作。如果本金有一定的量的話，每年股利應該可以領個一百萬以上，生活已過的很優渥，倒也不用一直換股，除非公司前景、競爭力或大環境有很大的變化，再另做打算。

☆ 主角所學的教訓及財務規劃師的建議

一、我同學對於追求財務自由有著很強的企圖心，希望可以不工作卻有錢過自己想要的生活，因此他花很多時間去研究股票。貸款投資股票是有風險而且要避免的，但是當時他認為大豐有線電視金流穩定，股價也不高，而且現金股利領取就有十％。他有九成的把握大豐電還會漲。因為現金殖利率很高，所以才敢借錢買股票，賺的利率遠超過貸款利率就有差額利潤，結果證明他賭對了！

　　如果是我，我會比較保守，可能會借較低利息的工具來投資，這樣萬一看錯了，利息負擔也比較小。他的優點在於都是買高殖利率股，如果股價下跌至少還有現金股利可供生活。事實上，當他在買高殖利率的時機點時，通常股價都會上漲(因為高殖利率會吸引買盤進入，進而推高股價)，當漲到殖利率低於五%時就賣出賺價差；另外由於他全家不工作，這樣又可以享受退稅額。多年來他雖然希望用現金股利來生活，但因為股價經常因高殖利率吸引買盤而上漲，所以他的獲利大多是透過賺價差而來，而價差所賺的錢累積起來仍是相當驚人。當他賣掉某好股時，就會再找沒人注意的好的高殖利率股。

二、財務規劃沒有專家只有贏家，投資足夠的本金才會有
　　可觀的收益。上文中的貸款買股，要注意的是：一定
　　要有九成以上的把握才可這麼做，否則最好穩紮穩打
　　以免損失本金。

　　您有注意到黃先生與太太工作了八、九年，累積了五百萬的本金這一點嗎？因此您若想資產快速增加，還是要穩定工作，多存點本金，才會有較大而快速的效益，當然作好研究及正確執行投資計畫也很重要，多讀案例就能增加您的實戰投資能力。上文中的黃先生就是如此，所以才能從民國九十三年到現在民國一百年，雖然中間歷經金融海嘯，他卻能從以前一家四口擠一間小套房，到現在用九百多萬現金買一棟透天別墅來享受，他的資產翻很多翻就在這關鍵七年，就是用以上所述說的高股息績優股的買賣策略：仔細評估選股，買進高殖利率股票，在它殖利率低於五%時賣出賺價差。

故事二：仍需守住穩定的工作

　　張先生是我在中科院的客戶，學歷很好又非常聰明，約莫三十歲時就曾以買賣房地產的方式，一口氣賺了三百萬，當時他志得意滿地跟我說，只要靠他自己的能力，他應該可以靠操作股票賺大錢。不久之後，他有了辭掉中科院的穩定工作，專心作股票的念頭。我當時建議他最好保留一個穩定收入的工作，但他聽不進去，還是辭掉了工作。他除了那三百萬，另外又跟太太借五十萬，向母親借十五萬，還把軍公教優惠利率十八％的存款全部領出，總共好幾百萬的資金全數投入股市。那時股市正熱，大家都熱中買股票。怎知才進場沒多久，幾百萬的資金便血本無歸！幾年後他黯然的離開股票市場，這時約是西元一九九九年。他錢沒了，與家人的人際關係也沒了。由於仍需賺錢養家，他以國立大學碩士學歷投入製造業。

　　股市虧損的經驗，讓他久久難以忘懷，他很想要翻本，將之前賠在股市的錢，連本帶利的賺回來；只是沒有學到之前的教訓，只一味的想把錢賺回來卻有勇無謀，他再一次的在股市慘遭滑鐵盧。他感到心灰意冷，為了撫慰落寞的心靈，他開始流連舞廳，背叛妻兒子女，有時還跟妻兒吵架甚至打架，這時他已是四十三歲的中年男子了，可是卻一無所有，潦倒不已。當他走在人生低潮時，一位友人帶領他信仰基督教，之後他悔改重生，工作認真勤奮，自此不再碰股票，過著幸福愜意的生活。

★ 主角所學的教訓及財務規劃師的建議

**一、除非確定自己已財務自由，否則不能輕易辭掉穩定的
工作。**

　　張先生基於買賣房地產的成功，對自己的投資能力過度
自信，冒然的辭掉穩定的金飯碗，逕自投入當時已經過熱的股
市，這舉動不僅過於衝動而且也沒有做好風險評估。無論是無
風險的儲蓄或有風險的投資，穩定的工作都是很重要的財源，
除非有絕對的把握自己已經財務自由，否則不能輕易地辭掉工
作，如果像張先生這樣冒然的辭掉工作，便有了財源匱乏的風
險。

**二、第一筆投資賺錢不代表第二筆一定賺。每一筆投資前
都須要仔細評估風險，詳細擬定投資計畫明細並且嚴
格執行。**

　　張先生經由買賣房地產，輕易地就賺了三百萬，這在當時
是筆不小的數目，因此就認為投資是件很簡單的事。在股市一
片大好的時候，他也想參一腳，分杯羹吃；殊不知聰明人就在
大家熱衷股票時，賣掉股票獲利了結。

　　過於輕敵，便容易掉以輕心，所謂「驕兵必敗」，所以
千萬不可大意。驕傲的心念一起，便容易錯估情勢，如此將不
僅僅是「大意失荊州」而已，「賠了夫人又折兵」更是不在話
下。

三、投資失利不服輸是好事，但是需要作好研究，改變策
　　略再進場投資，否則只是重複錯誤而已。

　　愛因斯坦曾提過：想用同一個方法突破現狀是很困難的
事。張先生應該用不服輸的動力先做好投資學習與研究，然
後再用不同的策略進場投資。張先生犯了大家容易犯的錯：
跟大家追高。其實可以在股市較低點時進場，比如十年均線
六千五百點以下。

四、張先生用老本及親密的人際關係去作沒把握的股票投
　　資，這代價太高。如果能在失敗後沉澱自己，充電休
　　息之後還是可以再出發。

　　人在情緒或身心狀況差時最好不要急著作任何決定，因
為決策沒有品質，最好先從戰場中撤退，退到另外一個安靜的
環境，比如度個假，去修個投資課程，或到圖書館、咖啡廳去
研讀投資案例，借鏡別人的經驗，當研究夠多的案例及對趨勢
判斷較正確時，所作的決定也會較有把握。正所謂「謀定而後
動」。

故事三：正職工作仍是明確之舉

　　給自己一年的時間試著作專業投資人，不行則趕快回到正常工作，如果不確定能否回到正常工作，可以兩者並行。

　　姜先生是我的老客戶，任職於桃園縣永光化學已經有八年的時間，由於長期待在單調的工作環境，並且要聞難聞的化學氣味，讓他感到有些厭煩。這幾年他玩股票有些心得，經常一個月就賺到三、四萬塊，相當於他一個月的薪水，於是他就想：乾脆辭職在家操盤就好。他認為自己分析線型的能力很強，很能預測趨勢。便毅然決然的辭職在家操盤。由於所有收入都要靠操盤獲得，所以變得很在意操作績效，成天盯盤。怎知本來每月可以賺三、四萬的，卻不賺反賠；本來以為趨勢會往上的股票，結果卻一路下跌！因不甘虧損，越攤越貧越沒資金翻本。

　　諸如此類的錯誤，讓他在短線操作電子股的一兩個月就虧掉四、五十萬，他在永光辛苦存下的兩百萬已變成約一百五十萬。但他認為還有翻盤的機會，於是繼續用技術分析，分析個股趨勢。結果一年多後他的資產只剩五十萬，此時新婚的老婆也產下第一個孩子。我極力的勸姜先生爭取回原公司工作，至少有個穩定的薪水可以照顧妻小，至於操盤仍可以繼續學習。他聽進去了，回去找以前的主管商談，也順利回原崗位工作。

☆ 主角所學的教訓及財務規劃師的建議

一、有些人的確用技術分析操作短線電子股賺很多錢,我相信這些人的確功力深厚。姜先生曾經一度用技術分析操作短線賺到錢,而以前的經驗到後來卻不管用。我覺得配合基本面分析公司獲利與否來分析公司比較穩,如果光用技術分析操股又是短線,風險相對較高,因為有很多突然的利多、利空的事件,可以讓各股趨勢作難以預料的反轉。雖然有時短線電子股的爆發力可以有高獲利的表現,但相對的虧損風險也比較大,短期的趨勢要比長期趨勢難抓,靠短線賺錢真要有兩下子,比如二零零八年的金融海嘯發生後,就改變了長期股市所統計的部分技術分析原理原則,因此技術分析的統計原則也要修正。

二、操短線要嚴格執行停損、停利點,比如負十%或正二十%。姜先生在持股虧損時很不甘心,持續加碼卻導致子彈損耗,反而沒有子彈投資更有潛力的股票獲利。停損真的是很難做到的事,非得有壯士斷腕的決心不可。單筆投資必須要設停損點並且確實執行,因為唯恐虧損或套牢,以致沒有資金投資獲利的股票。停損目的在於將資金抽離虧損的股票,挹注到獲利的股票,這樣一來,只要多賺少賠,仍然有獲利。如果是好股票可考慮攤平,姜先生對於所持的股票不是很

有把握，又做短線操作，所以最好停損出場，保持元氣比較安全。

三、姜先生也許可以將操作個股數由六檔降為二或三檔，集中精神管理。

人的時間、金錢、能力有限，投資之神巴菲特主張將大多數的資源集中在少數幾支的好股票，效率最高。我認為我們不是投資之神，但兩三支個股也兼具分散和集中精力管理的特性了。

四、姜先生作了停損，回去工作乃為明智之舉。

有人賭博輸了不甘心還借錢去賭，惡性循環後，輸了老本也輸掉人際關係。大多數的人都想翻本賺回損失，豈知停損是好策略之一！有些人能不服輸扳回一城，是因為他腦筋清楚，冷靜也有把握；若已信心喪失或家庭經濟的壓力很大，要作出冷靜的判斷和準確的短線操作恐怕有困難，此時適宜停損，待養足學識再戰也不遲。

故事四：選對績優股

儲蓄高息績優股，小跌小買，大跌大買，用現金股息買股，續滾複利；長期而言，複利所獲的利潤很可觀。

趙先生是我在中原化工的學弟，擔任助教、講師後在台灣大學拿到化工博士學位，先是在中央大學作博士後研究，因老家在南部，後來轉到南部中鋼任職。我認識趙先生很多年，他是一個典型的南部純樸的鄉下孩子，所以投資上較為保守，從一而終，不喜風險，多年前他就決定只買公司股票中鋼及台積電。我也是中鋼的忠實股東，很喜歡公司不會倒又能一直發放股利。他的老婆也很認同這樣的投資方式，主因是她們住家裏，花費不多，所賺的錢可作充分投資用。幾年下來也證明這樣的投資方式是對的，因為股息一下來就買原股增加股數，同時股價下降一兩成或兩三成時，再進場加碼增加股數，等到股價往上時，因股數增加同時股價變高，自然持有市值會高於總成本。這個操作方式也可從《全球贏家》這份雜誌所整理的資料中得到驗證，中鋼在民國九十到九十八年的投資報酬率(還原除權及除息後)約為三百五十％，台積電約為一百一十八％。我學弟趙先生如今仍堅持這樣的投資方式，繼續複利滾存中鋼及台積電。

☆ 主角所學的教訓及財務規劃師的建議

一、學弟趙先生很單純的只投資中鋼和台積電，除了股票跌價及股利發放就進場購買之外，只要每年有閒錢可供調度，亦將此資金投入買股。他平常也不大花時間做什麼研究，因為中鋼就是他任職的公司，對公司的營運狀態有相當的了解與把握。幾年前，中鋼一度跌

到一張二十、十九元時，我問他會不會變十五塊？他說現在應該是底了。事後證明他還蠻了解自己公司的，他說對了！

只是我會提供一個更可執行的老原則來加碼這兩支高利股，就是殖利率(現金加股票股利除以股價)大於五、六%時就可加碼，低於五、六%時不買。這老原則好用在於殖利率較高時表示價格較低，為可進場時機，假設中鋼往年平均股利是一點五元除以五%，等於三十元股價，所以只要股價在三十元以下就可進場；而台積電的平均股利若是三元除以五%，等於六十元，所以只要股價低於六十元便可加碼。若資金充足，則跌越多可進場越多。

二、許多人為了分散風險會買十幾支股票，殊不知這樣會讓自己陷入複雜、模糊焦點和難於操作的困境。我認為投資越簡單越容易執行，如果太複雜恐怕會窒礙難行。如果僅投資一兩支股票，就能每年單純的加碼；因為專心，所以比較容易把握到低點的加碼動作，獲利才可能實現。

三、張先生因為住家裏，節省不少開銷，加上太太在公家機關上班，兩人收入很穩定，具備存股票的條件，這樣複利個十幾年，資產翻個五、六倍是有可能的。如果您沒有這樣的條件，可能上有父母，下有孩子要養，可以考慮用漸進式的方式來累積資本。存股票的方式最好用閒錢來存，因為此種投資方式主要在複

利的獲得，而要獲得可觀的複利就須要長時間不去動它。您可以以年薪的一成作為投資資本，比如五十萬的一成就是五萬塊，然後在這兩支股票殖利率高於五％的價格時進場買零股，隨著薪水增加和股利獲得，可以逐漸加大投資額度，日積月累，效益將會越來越大。

故事五：理財需要時機與耐心

這是個左手存高息股領股息，右手操作高價電子股賺價差的案例。

陳小姐是我讀書會的成員之一，年近四十仍單身，她從十幾年前就相信，存零股積少成多，有一天可以靠股息過生活。不到四十歲的年紀，她真的看到計畫是可行的。她每年花二、三十萬的閒錢購買中華電信、中鋼等好股票，本金共約五百多萬，而約六%的平均現金殖利率，讓她穩定的每月領兩萬多的股利作生活費，除了領息外，她還操作電子股宏碁電腦及鴻海科技，嘗試賺波段價差。她買盡進高息股的原則就是我建議她的，當現金殖利率大於等於五%時就用閒錢買進，操作相當簡單，除非高息股的股價漲很多，例如兩三成以上才賣，否則放著領股息，而電子股就是用低買高賣的原則操作。

雖然我建議她這麼做，這些年來她也的確小賺了一些，但總是會遇到一種情況，就是在股票漲到三、五%時就跑了，而股價卻又不斷的上漲，錯失更大獲利的機會。遇到這種情形，總是令人扼腕。如果要選擇在低點進場，一般好的高息股都需要等待一段時間。我想這種獲小利就忍不住出場的情況，你我可能都有過。作股票就是要學習忍耐。在電子股的操作上，由於股價與公司的獲利連結緊密，所以起伏較大。她也知道要低買高賣，但由於工作忙碌，無暇緊盯股市動態，想到就去投資的結果，就是買在高點被套牢了，套了幾年還無法解套，直到最近股市上漲到九千多點，股價終於回來了，她才趕快賣掉拿回老本。套牢這幾年感受很差，卻也無可奈何。

☆ 主角所學的教訓及財務規劃師的建議

一、陳小姐選擇的中鋼、中華電信經過數次空頭攻擊都能穩定獲利配息，是很耐操的高息股。這兩檔股票一直是我個人存股票的核心組合，主因是它近三、五年的每股盈餘平均值大於近十年的每股盈餘平均值，且經過許多次空頭攻擊，這兩個公司的營運獲利及配息仍然穩定。所以陳小姐照我的建議，在現金殖利率大於等於五%時進場就對了。如果股價淨值比(每股股價除以淨值)小於二或更低會更好，因為這表示股價已經很接近底部了。若不照以上原則操作高息股，買到高價照樣賠錢。

二、大多數人都想要賺快錢，但操作電子股波段真的需要耐心，並且嚴格執行低買高賣的操作策略。有時候等低點可能得等上好幾年才等得到進場時機，但是也必須要等；記住！好的獵人必須懂得等待。出場時也不能猶豫，因為電子產業競爭變化大，連帶的使股價的變化也大。想要透過操作電子股波段獲利，時機的掌握與耐心，是不可或缺的兩大要素。

陳小姐和許多上班族一樣，往往一時興起就進場，想說此時不買以後就忘了，結果就是常常買在高點然後被套牢。我自己也曾犯過這樣的錯誤，甚至被套牢十年之久。我認為，如果想藉由操作電子股波段獲利的話，首先須選定好的波動大的電子股，如宏碁或鴻海等，然後先研究個股的歷史線圖、競爭實

力、獲利狀況及產業趨勢，忍耐等到設定低點在進場。如果沒有時間做功課，我認為就不要想發這種波段財。根據我以前在日盛證卷的工作經驗，自營部在操盤短線電子股之前，每天都花很多時間在研究技術線型、公司營運等相關資訊。若不花時間就想賺波段錢，我覺得風險比獲利大，最好不要做這塊，若真的想做波段，我建議在個股五年均價以下進場，若遠低於均價進場，則可以多買進一些，等到個股股價超過均價一兩成或兩三成時再停利出場，這樣是最簡單的方式；或者是得知電子廠有接到大訂單時，可趁機趕快敲入，因為預期獲利會推升股價。

停利需要果斷，因為怎知道股價是否會反轉。這種業績導向的電子股進出場需要俐落果斷，不宜長期持有。好比陪我們從小一起成長的聲寶、大同科技或國泰人壽，以前字號響叮噹，但如果您一直持有不賣，國泰曾經一張一百萬現在變五、六萬，大同曾經一張五、六萬現在變五、六千，都變成水餃股了。聲寶以前股價不錯，現在竟被東元收購了！有一次我拜訪聲寶公司時，發現她們連總機小姐都撤掉了，給我感覺這公司已將近日暮西山，幾年後果真撐不下去，被東元收購了。所以電子股或產業變化起伏大的個股，買賣都要乾淨俐落，若該賣沒賣乾淨，只要淨值滑落很多就容易虧到老本了。

三、要作波段也可選擇高息的電子股，如廣達電腦或台積電等。

就我所知，有某些自營部高手會操作股本小波動大的電子

股，藉著研究消息面、籌碼面、基本面等以謀暴利。一般人沒這本事或時間可以操作高息電子股，因為如果套牢至少有股息可領，相對安全，這些股票的波動起伏也比傳產中鋼等大，所以可以低進高出賺到波段價差。

四、她用閒錢存高息股中鋼、中華電信，既不影響生活又能長期複利滾存，若能長期進行低點買進的策略，複利滾存的獲利將比時常進出股市的所得更多，生活品質也會比較好。

如果陳小姐會繼續工作到五十歲，那她尚有十多年的工作所得可支付家庭開銷，若將扣除開銷之後的閒錢投入高息股，不斷的複利滾存若干年後，會比中間不斷進出股市所得的財富累積更多，那麼到五十歲時便可有更多的錢來過後半生。有些人也許只想再工作個五年，那麼可將餘錢放到高息股，一樣是逢低買進的操作方式，如此複利滾存個五年，效果很可能比一直進出股市要好，反正這五年間也用不到這些錢，等到五年後便可以靠股息過日子，因為複利滾存的錢變多，股息也可能會領的比較多。當然有些朋友會在高點獲利時出場，再尋找其他高利股進場，只是對忙碌的上班族而言，有可能沒時間這樣做，那我倒覺得乾脆一直在較低點時買進高息股，存著領股息，這樣反而較合乎長期單純生活與工作的模式。

故事六：養股票，也養退休時光

　　阿發是我的老客戶，他工作認真，勤儉持家，只是常跟我抱怨他兩夫婦都沒有月退俸，領的又是死薪水，也不敢亂投資，怕血本無歸，以後要怎麼過好日子呢？我很欣賞這兩夫婦工作勤奮，他們一方面要教育子女，一方面又要想辦法準備退休金。在知道他們的需求之後，若干年前我就建議他們相對安全又有效率的投資方法，我建議她們每年固定買進高息股中華電信及台積電，每年固定在現金殖利率六％時買入，如果股價漲很多如兩三成以上就賣掉，等待隔年的相對低點。

　　當中華電信殖利率在六％時，表示股價是過去十年平均現金股利四元除以六％等於六六點六元一股；而台積電的股價則是平均現金股利三元除以六％等於五十元一股。每年只要股價低於以上數字就可以用閒錢投入，這樣簡單的操作幾年後，資產的確累積的比較快。那怕有時候沒賣掉只領息，這兩支股票也都可以順利填權填息，可以本金不降多領利息。這樣單純的機械式操作，讓他們當每年投入三十萬元，十年後本金翻為六百萬。這邊我教他們一個小技巧，就是每年約九月的時候，兩支股票在除權息的第一、二天價格會突然下降，這是個不錯的進場時機點。比如二零一零年，中華電信九月除息後，股價變為六十出頭，我和這對夫婦都大量進場，隔年一月底，中華電信已漲到快九十元，倘若此時獲利出場將可大賺一筆。很可惜阿發在中華電七十多元時就獲利出場了，也很可惜因為當時枕邊人在中華電除息前夜對我說，六十出頭會不會太高，讓我砍一半進場，因此讓我少賺很多錢。

　　阿發夫婦由於年輕時租了十幾年的房子，所以也想要買房出租，藉著收取租金來養老。我則建議她們可以買房自住，至於收租也可以，只是會比較麻煩。阿發今年已經四十六歲，如果將這筆六百萬的本金放在現金殖利率六％的台積電及中華電，每月可領兩萬元的股息，再加上勞保月退俸一萬多元，至少月

> 領三萬多塊,基本生活沒問題了。

☆ 主角所學的教訓及財務規劃師的建議

一、現金殖利率五%以下再出場還來的及

　　阿發在中華電七十出頭時就出場,是因為看到獲利就忍不住被洗出去了。如果阿發能在平均現金股利四元除以五%等於八十元的股價的時候出場,也還不遲,這樣賺的反而比較多;而且即使八十以下沒出場,仍能拿到五%的利息,是定存的五倍。所以我覺得人有時候不需要太聰明,有時機關算盡,頻繁的進出場也未必賺。德國股神科斯托藍尼曾說過:證卷交易所賺的錢不是靠頭腦而是靠忍耐,誰缺乏耐心就不要靠近證卷市場。

二、相信自己的專業,不要太受周遭親密的人的影響,最好照專業判斷作決策

　　您周遭親密的人對您的投資一定會有影響,因為您講出來他們就會參與討論,只是要判斷您周遭親密的人的專業能力為何。

　　就好像我常對客戶說:如果您要去開刀,您會去找專業醫生還是親友開刀?張忠謀也說過:專業跟人情是兩回事,若混淆就有危險。您週遭親密的人也許不專業,但仍對您的投資會有影響,因他們離你太近,且他們可能無法在短時間內具有跟您一樣的專業及判斷力;且決策有時間壓力,有時只要您很有把握就作決定吧,免得讓不專業影響專業。就像我一樣,枕邊

人的一句擔憂，就讓我違反專業並讓決策受到影響。

回到二零一零年，中華電除息後約六十出頭，現金股利含退稅約為七%的現金殖利率，我當時是想買個四百萬，現在看來是合理的決策，可惜減為兩百萬，獲利也被砍為一半。

三、聰明可能被聰明誤，有時候用簡單的原則傻傻買，耐心等反而績效不錯，生活品質又好。

我知道有些短線高手善於用技術分析操盤獲利，也曉得許多人在很短時間內賺到錢，就在媒體發表分享喜悅，但我也知道很多人投資不賺反虧，而且比例約為投資大眾的八成。嚴格說，投資人賺錢的比率還是不高，大多數人會賠錢，我認為是太聰明、想太多，用的投資技術過於複雜；反而是用笨方法耐心存的人有賺到錢。我自己常在與人聊天時談我最愛的股票就是高息股，許多人就會不屑的回應，那些都是股價不會動的牛皮股能賺什麼錢？我經常收到這樣的回應，好像被告知說，要賺錢就要操作波動大的科技電子股才會賺錢，我有友人的確因此賺了不少，但也有朋友賠掉他僅有的房子和車子。所以投資可以做的簡單有效率，生活品質也可高些；如果要玩波動大的電子股，可以撥小部分錢來作投資，賺了算多的、賠掉也無所謂。要跟聰明的您分享：四十二%美國百萬富翁的投資裏，每年交易不到一次。

若以結果論而言，大多數押飆股的人獲利未必贏過買高息股的投資人，押飆股賺錢的運氣成分居多，如果看民國九十九年的指數，年頭到年尾不過漲了五百多點，要作短期波段賺錢

還有點困難，但如果能持續買高殖利率及股東權益報酬率高的公司，長期的用現金股利滾入，再逢低買進，這種複利滾存的方式相對安全也能累積不少資產。

四、要懂得藉專業人士的腦袋投資事半功倍

　　我之前的營業員有個身價十幾億的客戶，在幾年的投資之後卻身無分文，淪落到北市通化街賣魯味，生意好時可賣個三千塊，不好時營業額約一千多元。這麼有錢的人竟然淪落到這般田地，主因在於沒有好的顧問可供諮詢。許多營業員希望客戶不斷交易，從中他可獲取手續費，甚至有時客戶在危機中也不會幫忙指點，這或許是因為自己的專業不夠，不足以指導客戶作正確的投資。這位富客戶投資失當，在股市進進出出，融資融券到最後斷頭破產，這當中也不過只是幾年的光景。現在他要靠賣豆乾存到十億可謂是難如登天。我幫客戶做財務規劃一向以客戶的利益為利益，這樣合作才會長久。所以您有個可信賴的專業投資顧問也相當重要。

故事七：做好風險管理

　　李先生是我以前任職證券公司的自營商朋友，由於在公司操盤的績效不錯，便自己出來作專業投資人。他在自營商工作時擅長投資趨勢長期向上的股票，等待股價翻倍再獲利賣出，李先生專業底子很好又很努力，舉凡公司財報、產業趨勢都細心研究，經常直接連絡所投資的公司了解公司營運，並且幾乎各場法說會都會去參與，因此李先生掌握的資訊比大多數人深入，同時下的決斷也會相對正確。他花費大量的時間做研究，充分的掌握資訊，所以敢買名不經傳的股票，比如佳格等很多人不敢買的股票，李先生持有一段時間後就翻倍賣出，通常是在第二次暴量時賣出，因為此時股價容易開始下跌。

　　李先生買股很神，但也躲不過金融海嘯，他積極的操作風格讓他在海嘯時虧損了將近五成，難過的是他有部分股票是融資購買後斷頭出場，耗損他不少元氣，所幸只是部份斷頭，他還是有翻本的機會。前陣子我跟他聊天，談及台股在過去十年來站上八千點以上的機會只有十%（只是近年想錢太多便指數高居不下！），現在股市已經九千點，下跌的機會有九成，所以建議他保守操作。這位大師聽進去了，收回部份資金降低持股，並且等待在八千點以下相對安全的機會時進場。我仍然相信這位自營商老友的操股功力，也祝福他能在股票市場中大賺。

☆ 主角所學的教訓及財務規劃師的建議

一、操作投機股更需要做好風險管理

　　這位李先生操作投機股還算懂得節制。我的另一位自營商友人就是因為不懂得節制，把房子和車子都賠上了，雖然曾經叱吒風雲，不過就是因為太有自信，不斷的融資買股，後來斷頭出場，連翻身都沒機會。如果要賺投機股的價差最好不要融

資融券，因為只要一套牢，壓力就有可能大到做不出明智的進出場或持有的決定。

二、賺投機股趨勢價差在於幾個原則

(一)有錢發放股票及現金股利，表示公司毛利率高有賺錢。(二)負債比在兩成以下。(三)營收趨勢往上股價才會上升。(四)主要股東持股集中表示對自己公司有信心。

三、投機股可以直接從逛街的市場中觀察到

有許多投資專家專門從生活中發現投資的標的股，比如一到賣場看到很夯的多功能手機、平板電腦、液晶螢幕、LED，表示有市場、有需求，相關於這些產品的零組件也很有可能被帶動起來。只是操作投機股需要耐心抱股才有可能得到翻倍的收益，大多數人沒賺到高額利潤都是因為「忍不住」就出場了，其實只要產業營收持續上升、業績趨勢往上，等待翻倍再出場利潤更好。

四、如果沒有時間研究，建議不要輕易嘗試投機股，不然就是不要買太多

若您沒有十足把握，可能只有大概了解，建議您買少一點，比如幾萬塊或幾十萬，一到停利點三或五成甚至是更多一些就出場，因為跟這大家去買明牌一樣，投機股存在著一定的風險。不然就選高殖利率的電子股，至少還有利息可期待。

故事八：安全操股法

　　這是多人驗證過的安全操股法：殖利率六％以上買進，三％以下賣出。

　　小呂是我留學生讀書會的老友，專門幫人操盤收取利潤的五成，他長年幫人操盤並賴此維生，所以一定要安全又有效率，他認為穩穩賺比大賺小賠還賺而且相對安全。他長年研究股票但是只做績優股，很單純的鎖定高息股，嚴格執行殖利率六％以上買入三％以下賣出，就這麼單純地執行，若再加上配息，年獲利幾乎都在十％以上，所以有很多粉絲給他操盤。他認為操作投機股心思用太多也未必賺，買彩卷中獎率太低，所以上述簡易操股法成本效益最高。如果給他一千萬，年獲利就有一百萬，日子應該很好過吧。通常他幫客戶操盤，會先將客戶的錢分別存入定存帳戶，月定存利率約零點七，是活存利息的數倍，等到目標的值利率到六％以上就分批買入，到三％時賣出轉回活存，再轉入月定存賺取利息等候機會。許多客戶基於信任以及沒空管理盯盤，通常都將資金交由小呂處理，績效大都滿意。

　　通常殖利率大於六％而且連續超過五年的股票是最佳操作標的，比如遠傳、大豐電、中鋼、台灣大等好股，舉例中鋼(若現金股利為每股兩元)在二十元低檔時買進，股利除以股價為十％(兩元現金股利除以二十元股價等於十％)，當股價為六十六元時賣出(兩元現金股利除以六十六元股價等於三％)。小呂進場時都會等到股價相對低檔，這樣可以避免賺到股息卻賠了股價，他偏好二、三十元的股票，當然客戶也曾懷疑過他的操作方式，尤其是當股價不斷下探的時候，雖然殖利率仍有五、六％以上，只是客戶看到股價往下，擔心會越跌越低。但是小呂仍然堅持用這樣的方式分批往下買，結果在幾檔股票的操作如福懋、中鋼、中華電信，最後股價在數月後仍往上回升，待上升至殖利率約三％以上時獲利出場，幫自己和客戶賺了不少錢，驗

> 證了忍耐堅持終究會有好績效。當不少的本金乘上十%時的獲利也不少，所以最好先存到數量不少的本金，投資效益才會比較大。

☆ 主角所學的教訓及財務規劃師的建議

一、**績優股現金殖利率六%以上進，三%以下出的原則一再的被人成功使用，所以這原則是真的可以實際運用的簡單原則。**

　　如果一個原則被多人反覆使用都使用成功，表示這個原則有統計學上的意義。我認為現金殖利率高的績優股漲率很高，原因就是它的利息比定存高很多，這也是大家鍾愛的地方，因此大量搶購，想享受優於定存的利息，於是有量就有價，價格就會被推高。

　　通常穩健報酬率會勝過大賺小賠，如果以一年賺四成隔年賠兩成計算，連續十年後，報酬率會低於每年都賺一成五的選擇。所以不賠錢及穩健報酬率才能較快累積財富。

二、**選擇坊間專門幫人操盤的個人工作室要注意信任度與可靠性**

　　我身邊有不少朋友都作這行，只是我不會把錢交給他們管理，因為有時候談錢傷感情，況且我不曉得這朋友會不會有一天突然把我的錢帶走，連本金都取不回，所以最好還是把錢交給自己或真的能信的過的人，甚至全權委託的機構代理操作比較讓人放心，或者是讓小呂這樣的朋友變成您的顧問，在進出

場時作即時提醒，您的錢仍在您自己的戶頭裏操作，這樣比較安全。

三、注意單一年度的殖利率是否下滑或者變化很大。

如果殖利率逐年下滑，加上公司業績及獲利不佳，表示公司營運變差，股價有下跌的可能，此時可考慮換股。倘若公司處分資產使殖利率推高，或是認列轉投資虧損，這時要把這部分扣除來看，因為這並非是基本面的問題。

四、要觀察殖利率及股東權益上升或下降的趨勢

通常股東權益報酬率及殖利率逐年往上的股票要續抱，因為股價容易上升，而殖利率上升若因獲利提升可續抱；若因股價降低則要審視續抱與否，因為怕賠掉股價。如果要找歷史股息，可到以下網站找尋公開資訊觀測站：hmops.twse.com.tw/mops/web/index 點選股東會與股利，再點選股利發派情形，並輸入股票代號及欲查詢年期。

在不同指數時，持股成數也要調整，比如八千點以上可持股一兩成，八千到五千點持股六七成，五千點以下可持股九成。理由是股價越低持股風險越低。

故事九：勤儉堅持儲蓄的林小姐

多年前我在一個圖書館認識了林小姐，那時她還是圖書館的工讀生，時薪九十多元，由於家境清寒，家裏也沒有足夠的經費讓她念好學校，所以她五專畢業前就不斷地打工，這艱困的環境沒有挫折她向上的意志，她反倒因為家境清寒而立志脫貧。只是受限於學歷，讓她在找工作時沒能找到理想薪資的工作，最後找到一個月薪兩萬五的工作，算是最好的待遇了。林小姐是那種人窮志不窮的典型，她生活節省，每月食衣住行育樂花不到一萬元，嚴格記帳控制消費，空閒就兼差增加收入，同時研讀財經書籍，增加投資智商。由於她不喜歡風險，我建議她作高息股零股投資，集中在三、四十元的績優股長期定存，五年後她的存款已經破百萬。她的儉約習慣可以讓她的財務管理立於不敗之地。

一、支出小於收入是財務規劃永遠正確的定律

這簡單的原則竟然有許多人做不到！有些人會借貸來享受，讓自己背負債務實屬不智。林小姐收入不高卻謹守此律，至少她的支出原則讓她立於不敗之地。

二、利用餘錢作投資

許多人在友人間裝闊，名為花錢投資人脈，但是後來卻未必有收益。北市的消費不低，一來一往間，可能沒經營到人脈卻老本耗盡。說實在的，好的朋友會有成本觀念也不會一直佔人便宜，如果一直在高檔酒店或好的餐館進出，我看要花掉幾百萬也不需要很久的時間。會一直讓人請客的朋友我認為是酒肉朋友，我認識的許多人到後來才學到，好朋友不會一直讓你

請客，可惜為時已晚。因為人能賺錢存錢的時間也是有限的。
林小姐的每一塊錢都拿來投資賺錢，所以她的薪水雖然不高但
卻一直在增加。我不敢期望她能存到很多錢，只是至少她的用
錢習慣好，一直都是支出小於收入，節約用錢，存到一定的數
目時還是可以有物質享受。

三、她嚴格執行每月買入績優高息零股，成為自動存錢系 統

存零股還是要自己下單，本質上不是自動存錢。但林小姐
把這件事紀錄在行事曆上嚴格執行，變成自動存錢系統，本金
與利息自然就會累積了，她堅強的存錢意志會讓她心想事成。

筆記

故事十：富商淪為攤販

陳先生是我一個營業員朋友的客戶，他生意作的很大，加上投資股票所得，數十年下來累積的資產已超過五億元。由於之前曾在股市獲利，所以會想在資金雄厚的情況下賺更多，在股市中獲利的經驗讓他信心滿滿，於是把手頭上的資金全壓在波動大的電子飆股，希望能獲利翻倍，豈料二零零八年金融海嘯發生，讓他血本無歸。

陳先生用平時慣用的攤平法往下加碼，雖然買的股票都很有名，例如鴻海、瑞昱等，但價格卻一直回不來，經常要應付融資追繳令。在這樣的情形下，陳先生仍然繼續融資攤平，甚至賣房、賣地、賣田產來作回補，只可惜股票仍慘遭斷頭，陳先生努力數十年的資產在一兩年內快速消失，公司也因資本不足而無法營運，他現在在新北市的某個夜市擺攤維生。

☆ 主角所學的教訓及財務規劃師的建議

一、貪婪的高槓桿操作風險高，若是可行，應聘請理財專家協助

操作股票傾家蕩產時有所聞，報酬高風險也高，這是一場豪賭，賭贏翻倍賭輸就破產。陳先生也許以前操作股票是常勝軍，卻栽在百年一次的金融海嘯，過度的自信害他到最後連老本都沒了，以他的身價是可以請到很好的理財專家來協助他的，只是他太過自信及倚賴過去的成功經驗。

二、高資產人士只要撥個兩千萬放在七％的高息股，年收入就有一百四十萬，這樣其他的資產虧掉也不用擔心。

這一百四十萬是保命錢也是家庭的最後防線，若生活不奢侈，每年一百四十萬也還能讓家庭過個還不錯的生活。資產高的人甚至可以直接撥個五千萬買七%高息股，年領三百五十萬的利息，這筆五千萬本金就不去動它，當成老本。年領三百五十萬可以讓家人過上優渥的生活了，如此其他的資金虧掉也不用害怕。

陳先生若有這個保命錢的觀念也就不會落到這般田地，若有保命錢，現在也就不用擺攤位維生了，尤其是大老闆降格為攤販，那種心理的煎熬是難以用筆墨形容的。

三、作波動大風險高的股票要設停損點

大多人都不願停損出場是因為怕賠錢，只是若不設停損點就有可能賠上老本，所以停損也要機械式不帶情緒的執行，才能保住大部分的資金，如此也才有把賠掉的錢賺回來的機會。陳先生當時是融資回補繼續攤平，希望有一天股價回來能獲利，只是股價始終沒有回來，落得最後被斷頭的下場。

四、用現金分批往下買，避免用融資買股以降低風險

融資需面臨被斷頭的風險，而用現金買可放著等股價回來再賣。資源不夠的話，可以分批少量買進，慢慢累積；若一開始就大量買進，資源用盡的話就無法在低檔買多以平均成本。陳先生就是一下子買太多，在股價一直跌的狀況下，只能用融資或賣房地產作回補，可惜股價沒起來，最終以斷頭收場。

第二篇

積沙成塔戰四方

基金篇

故事一：學習設定損益點

　　選擇五到十年有向上趨勢的基金，用定期定額累積利潤的方式投資。若有反轉，也可以用單筆進場獲利了結。

　　我在渣打銀行投資有定期定額扣款的「貝萊德世界礦業基金」，當初會選它的原因在於貴金屬如金銀銅等金屬資源有限，不像鈔票可以不停的印，長期趨勢應該是看漲的，我就選這支來扣，也不多選，因為集中好管理。

　　這支基金上漲或下跌的每年波動報酬率約為二十二%左右，又稱為標準差，也就是每年的基金報酬率比較在波動價格的二十二%以內波動。今年一月，這支基金獲利二十五%，我照慣例將之停利贖回。我不設停利點三十%是因為這支基金比較是在二十二%的價格波動範圍，要到三十%的機率不高，所以一到二十%以上的報酬率，我就全部停利然後繼續買，因為我認為趨勢還是往上。當然是可以嘗試等久一點，也許三五年後再停利贖回，可能會漲到一倍而獲利更多，這也可以，但不適用於我，因為我平時過於忙碌，等太久容易忽略掉，反而可能忘了停利，所以約莫漲一個標準差我就會全部停利然後繼續扣，我認為這樣比較安全。因為可能您預期此基金漲一倍再停利，卻突然遇到一個大利空，比如金融海嘯或經濟危機，之前投資的三五年績效一次成為泡影。我個人是認為有賺一個標準差就出場是比較穩當的作法。

　　有些基金的年化標準差可能是十%或三十%不等，然而基金可能月首和月尾淨值有時差個五或十%都有可能，所以我通常會在六號扣四千、十六號扣六千、二十六號扣四千，平均投資成本，充分賺取基金趨勢長期向上的獲利。有時我的台幣不夠就會降低扣款，比如改成六號扣三千、二十六號扣三千，讓基金維持長期平均成本的累積單位數。海嘯時我仍然有虧損，但我還是繼續扣款，結果還是報酬率回來了，如果基金淨值突然因利空回檔一兩成我用個五萬十萬元買多些單位數，等到單筆基

金漲個兩三成就停利出來，就這樣靠一支基金長期多年很單純的操作，績效還不錯。最近又加碼一支黃金基金如法炮製，我不求翻倍，只要能經常每次賺個兩成以上，既不用理它，我扣的也很愉快，您不覺得簡單買個一兩支長期向上的好基金，不用理它獲利就停利，回檔就加碼，不是件輕鬆愉快的事嗎？

　　好多年前正好有朋友一直鼓吹我買霸菱全球資源基金與霸菱東歐基金他說資源有限，這兩支一定漲，其實那時這兩支基金已經很熱了，我那時很忙沒時間做研究，就丟個四五十萬下去單筆買入，怎知是惡夢的開始，過了幾年這兩支基金從沒有報酬率正過，海嘯時負四五十%現在負二三十%套牢好幾年，但當初定期定額購買這兩支基金的人報酬率幾乎都回正了，另外就是多年前我香港的理專跟我推銷中國基金說基金不錯其實也漲了半年到一年了，我由於有閒置資金，沒想太多，又信任我的境外理專，就在一通五到十分鐘的電話錄音中買了霸菱香港中國基金還有另外兩支中國基金一共三萬美金，多年後資金總額變成一半，我本來是會作負十%停損，但因搬家沒收到報酬率資訊，一看到就是很慘的報酬率，有點回天乏術了，所以我現在積極的請香港理專幫我設停利停損點及寄書面資料給我亡羊補牢。

☆ 主角所學的教訓及財務規劃師的建議

一、也許可學習漲到兩三個標準差再停利會賺更多

如果確定產業趨勢往上，那就該採長期戰略。我是賺了小錢就停利出場。但有人忍耐更久，讓基金淨值飆到報酬率五六成以上才出場，也許那已是兩三年後的事，但累積的單位數加上價差獲利，獲利是很可觀的。

但要提防總體經濟端有沒有利空因素，若有，在之前就要提前停利贖回以免前功盡棄。

二、停損停利點要在網路中直接設定

透過網路做相關設定，但要能同時收到銀行或投信的報酬率通知函，兩者並存，交叉提醒。

一般人工作忙碌，電郵一堆，所以有必要收到紙張的通知函作停損或停利的決策，單筆的股票型基金，我一般在負十%就設停損，債卷基金則設定在約負五%停損出去，因為單筆股票型基金若不停損可能繼續虧下去，甚至可能虧到負五成或負六成，定期定額卻可以在低點累積單位數，待淨值往上時而獲利。

三、抓住高點出脫

名列前矛的基金在多人熱中它時可能就是高點來了，淨值下降的機率變高，宜用定期定額買進或出脫它。

大多人買基金是一窩蜂跟著大家跑，但也很可能就像追股票一樣跟大家一起套在高點，很多人都說，基金風險較低，大

家認為比較安全所以才會去買，可是我們未必能大膽的反向操作，也許這支真的是好基金，但還是定期定額買入比較安全。

四、自己下判斷才是王道

不要太信任別人的選擇，尤其是那些沒證明過自己投資能力的人，寧可多研究一下再作決策。

我們是否常聽到週邊朋友說要買哪支會賺，我們因沒空研究就逕自跟著購買，我相信一窩蜂是正常的，但從眾心理卻是危險的，至少定期定額去買可以避開單筆買到高點的風險，所以為何許多投資專家反而會避開人群，甚至有些人會住在孤島讓腦筋清楚作正確的投資決策。

有時理專是為他個人業績而非為客戶利益著想，他們會盡量鼓勵客戶交易，我想大多理專都是這樣的，因理專的業績壓力很大，即便你在不利的高點時買進，他的業績照算，只有極少數的理專會為客戶的利益打算，所以您最好自己能做判斷，確認理專的決策正確與否再作決定。

故事二：追求獲利五成的目標

　　若購買長期看漲的基金獲利五成就停利，然後繼續每月扣款，獲利良好可以漸漸加大投資額度。

　　王小姐是我的銀行理專，善於投資基金，尤其鍾情霸菱東歐基金，他在國泰世華銀行當了十幾年的理專算是老資格員工，現在年約四十，她會挑選霸菱東歐的原因是因為東歐由共黨體制轉移到民主制度的已開發國家可能需要十幾二十年，所以在這經濟長期往上的趨勢中應該可以賺到不少價差累積財富，所以從十幾年前王小姐就定期定額每月一萬扣這支基金，而這支基金還真的沒虧負她期望，每三四年就能賺五成獲利出場，除了金融海嘯有虧到又繼續攤平報酬較差外大致上都能在三四年內獲利五成出場，而當她嚐到獲利後逐漸的將每月投資額度由一萬變成兩萬再變成三萬，如果東歐變成開發中國家需二十年，那就還有約十年的上漲趨勢，這支仍可定期定額購買。我認識她十幾年，她常稱讚這支基金讓她不花時間卻又賺到錢。

☆ 主角所學的教訓及財務規劃師的建議

一、耐心換得獲利

　　王小姐在本業上有注意基金的變化，能有耐心地等很久，等到獲利才出場，如果您有辦法等多年再獲利出場也可以。

　　許多人幾年後可能忘了她的基金或報酬率，也可能沒注意到報酬率信件等到看到時已經變負報酬率了，所以我覺得您若沒能像王小姐有忍耐等候的條件，建議當獲利兩三成就出場，然後續扣，因有可能沒到獲利五成，就遇到海嘯或其他利空事件，彼時連兩三成獲利都沒了。

當然我認為這支基金有潛力可繼續往上，因為據我去拜訪東歐的經驗。那裡整體經濟趨勢還是往上的。

二、定期定額最好投資兩三年以上

兩三年大約也是一次景氣循環的時間，因為需要時間與單位數來累積獲利。如果您一個月存五千或一萬，一年也不過能存六萬到十二萬，若說報酬率十％，那也不過獲利約六千或一萬二好像不怎麼多。所以可以加大投資額度或者拉長投資時間，增加本金，搭乘長期經濟向上的趨勢，帶給你獲利。。

三、王小姐選一支好基金投資，不用花腦筋和時間一投入 就是十幾年輕鬆賺錢真好

如果能單純的扣一支基金，長期扣不管它，獲利出場就好，只要趨勢沒大變化就一直扣，這不影響工作又能充分享受人生，我認為這樣的定期定額投資很棒，是成本效益很高的方式。

故事三：財富自足的退休

挑波動小的政府債基金，固定配息若達六七%，就自然擁有軍公教般的月退俸。

張先生是我台積電的客戶，我在十幾年前就已認識他，由於是我客戶，所以我對他的財務規劃建議比較客觀，以他的利益為導向。

他從二十幾歲就在台積電工作，擔任工程師真的是很辛苦，經常加班到十點十一點才回家，十幾年轉眼過去，他現在已四十歲了，因為長期加班工作的辛勞，所以他告訴我，他再做個十年就想退休，所以想規劃一個月退俸方案。

他對基金情有獨衷，所以我建議他作一檔『富蘭克林坦伯頓全球債卷基金』，而非時下流行的那些債信評等較低、風險較高的新興市場或高收益債卷基金。理由是我了解張先生很保守，因他擁有很多的保險年金商品或儲蓄險，這檔基金純然是政府債基金，不含美國政府基金。理由是美國政府基金價差比較少比較難賺。

張先生每年都從台積電領到不錯的年終獎金及紅利，所以我建議他一年買個一百萬台幣計值的全球債卷基金(看個人能力，如果能年存五萬也不錯)，現在已買了三四年，經過了金融海嘯，這基金淨值仍穩健的增加，所以張先生除了有正價差還有每年五六%的固定配息。

西元二零一零年開始，美金降到三十元台幣左右，張先生仍繼續買進這基金攤平匯差成本，由於他還將進場十幾年，所以成本會平均掉，今年美金掉到二十九塊台幣，我建議他換多點美金準備進場，他現在已投入約四百萬台幣，每年可領約二十幾萬台幣，到十年後他的本金約為一千萬台幣，年配息約為五六十萬台幣，再加上以前的儲蓄險及年金險，退休金應該夠用了。

當初我建議張先生可向投信公司或銀行購買,而非投資型保單裏的單筆申購,原因是投資型保單的單筆申購基金手續費大多為五%,成本太高,若向富蘭克林投信公司買,手續費最低,就像工廠直接出廠不需給中間商剝削一樣,但若覺銀行理專服務好則向銀行買多,那付點手續費也不為過。

這基金的波動低,很穩,是要來配息用。但是我建議他如果基金價格有下跌五到十%的情況,那最好停損贖回,因對於債券基金,這樣的下降幅度很大。

☆ 主角所學的教訓及財務規劃師的建議

一、保守有保守的作法

張先生生性保守,所以我建議他買政府債基金。倘若他能接受國外銀行商品,我還頗建議他到香港或新加坡開戶,直接去買美國政府公債比政府債基金更安全。美債最近因美國量化寬鬆政策被許多名師批評,說是碰不得,我判斷是因美國利率現在處低檔,一旦利息上調,債價就會下降,若出場就會賠錢,但若張先生不是要賺價差,只是想放著領息,期滿後領本金回來。這就不打緊,因為領息和期滿領多少已經是固定,想領月退俸靠配息,我還是認為直接到香港或新加坡匯豐或花旗銀行開戶買美債比較安全及令人放心,因它的負責後台美國政府不可能倒,若執意要在國內買政府債基金也無妨,只是基金公司如果經營不善倒掉,仍有被清算後受益人領不回老本的窘境,當然我知道這支倒的機率很低,只是每年領息中仍要切實執行停損。

二、採逐步進場的方式

張先生一年用約三萬美金進場，所以可以每年在美金兌換台幣三十二點五以下逐步進場，因三十二點五是美金對台幣十幾二十年的平均值，尤其最近已到二十九元應該進場買多點美金平均成本。

三、保老本賺利息

如果張先生的基金長期來的淨值越來越高，高到報酬率假設翻倍，我建議可作停利，因為未來二十年的利息因停利，就一次賺到了，為何要再等二十年？而且若債卷基金淨值變兩倍時，利息相對也變一半如兩三%而已。然後把賺到的利息再丟入不錯的政府債基金，再次領較高的五六%利息，如此有點像高息股的操作，就是殖利率五六%以上時繼續持有，一旦殖利率低於五%就賣出一樣，這樣可保以前老本，同時用賺到的利息當本金再領月退俸。

故事四：越挫越勇，下次會更好

詹小姐是讀書會的老朋友，對基金投資是近幾年的事情。單身的她有個目標，就是希望退休時每個月有七八萬可以花，所以每個月扣三萬塊基金，希望加速退休金的累積速度。

如果二十年後可達這樣目標，她會覺得很滿意，恰巧她經過金融海嘯時，單筆投入的基金幾乎夭折，影響到她信心，卻也讓她因此嚴設與執行停損停利點。比如停損一成停利兩成，同時在好基金大跌時，加大定期定額的投資額度作單筆，除非很有把握否則不進場。

雖然受過單筆虧損的傷，卻讓她思考翻本之道。曾經觀察天然資源與新興國家類別的基金有潛力上升，因資源有限，所以在觀察一檔資源基金由淨值七八十降到三四十，就鼓起勇氣大膽進場，結果一掃海嘯陰霾，大賺一筆。

她一年會檢視基金約兩次，若績效沒維持在前三分之一就考慮轉換，若績效還維持同類型前段班就繼續持有。就這樣簡單操作，績效還不錯。

她積極進取，時常去參加財經課程及聽演講，她希望基金能每年正報酬率，連續投資，每年三十六萬，二十年後每月有八萬可花。

☆ 主角所學的教訓及財務規劃師的建議

一、能連漲二十年的基金很少，所以單筆與定期定額都作停損停利比較穩當

如果詹小姐所買的基金是那種每年都正報酬率五到十％以上，這樣她的目標應可達到，只是有這樣績效的基金非常少。現在長期趨勢向上的基金是新興市場基金，包含歐洲、亞洲、

拉丁美洲等，所以還是要靠適時轉換來維持每年績效。

要靠複利累積資產，我認為要找很穩健的基金，比如十支基金中可一次選其中的三隻來扣款。如果過程中達停利點，就停利出場，然後持續扣款，等候下一次的停利點。

停利的錢可等待基金回檔再加碼投資或定期定額投入潛力基金，比如新興市場基金每月扣個五千或一萬，尤其是有三十億內需人口的亞洲，今年約還有本益比兩成上漲的空間，所以新興亞洲的原物料及消費股在民國一百年有上漲空間，而黃金的需求變高，從觀察中國存一千噸而美國有八千噸就知道，倘若基金報酬率變差時就可選擇其它的基金作同樣的逢低加碼適時停利的動作，定期定額可以賺兩成就出場，單筆可以在賺三四成時出場。

大家都希望基金可以一直漲，最好不用換，十年二十年後領翻好幾翻的錢，但是問題是這樣的基金很少，有可能你期望它翻幾倍再出場，可能漲到三成時就反轉到負三成，最後清算掉，這些都很難講，所以停損停利比較安全。

二、跌倒了，積極上課研讀基金轉虧損為獲利

詹小姐的鬥志用對地方。

她懂得她因沒設停損停利，使得損失擴大到負五成，若設負一成就還可忍受。

同時她密切的上課並研讀潛力基金，並在資源礦業基金回檔時進場，結果獲利出場，所以她有學到教訓。有些人沒花心思，只聽名牌就進場，容易重蹈覆轍。

三、長期投資要有正確的心態

　　長期的定期定額投資，一旦投入，除了一年看兩次，其他時間不用去看，以免影響心情做錯決定。

　　其實跟作股票一樣，如果太關心長期投資經常去看，一看就可能會做決定，尤其在績效差時，可能就停損出場了。

　　台灣投資人定期定額的年數平均不到兩年，而定期定額若基金選正確最好停利不停損，因為淨值下降反而扣款會累積多的單位數，等淨值上升就會獲利，若基金半年檢視一次發現績效排到後段班，就應換好基金，所以不看反而好，只要在電腦設定停損停利點有看到通知再做處理就好。

四、存基金複利滾存

　　有些高股息基金也可仿效高股息績優股用存的，就是在低檔時買多存著，發股息時繼續買作複利滾存，不過選擇基金要選長期趨勢向上的基金。

故事五：了解失敗的原因，改進後繼續前進

　　張小姐是我十多年的老客戶，在大學擔任行政助理十幾二十年，人際關係非常好，工作愉快，所以就很穩定的在現職工作不會想換。他先生有中央大學博士頭銜，也是工作穩定，所以張小姐生活家庭算是幸福美滿。

　　雖然如此，張小姐總感覺任職十多年的工作，這樣的薪水對累積財富的速度幫助有限，於是開始跟我討論投資基金的方法，我建議她這麼做是因定期定額只要長期停利不停損的扣款，不需花太多時間，比較合適張小姐的生活方式。停利點設在兩成，而挑選基金，我建議她選擇波動大，淨值高，且近一三五年的績效排名在前三分之一的基金，除非基金對同類基金相對績效下跌，標的被買賣的次數高、產生較高手續費、成本或標的基金經理人轉換，才需轉換基金否則就繼續持有。

　　討論要如何做是一回事，真的去做又是一回事。張小姐在數年間，幾次遇到基金淨值下跌報酬率變負的，越看越難過就把它停掉了，未料從此報酬率沒變的更好，就索性換檔操作，賠些錢當作學費。

　　也有幾次報酬率到兩成了，結果她希望賺多點，數個月後碰到金融海嘯卻變成負四成，這個付學費的結果又讓她換檔操作。

　　我們在討論投資結果後，張小姐也知道她所犯的錯誤，於是在選對基金的前提下，她寫下兩個重點，那就是嚴格停利及不停扣，反而報酬率差越加碼。

　　張小姐付過學費學到教訓後，沒有退怯，反而記住正確原則繼續前行，這次她不斷的忍耐某基金的下跌並加碼。比如報酬率負三成時，她加碼每月扣兩萬元，最後基金淨值反轉往上時，她在獲利兩成多時停利出場，這一役讓她體會到報酬變負時，反而需忍耐加碼，終至得到甜美的果實。當然，前提是選對好基金。

由於信心滿滿，她再把定期定額的月扣額放大，變成每月扣三萬。同樣用選對基金，越低越買，嚴格停利的原則操作，只是遇到金融海嘯時，大多基金報酬率大跌，張小姐想到這是更加碼的時機，卻發現她的錢已用盡了，錯失加碼機會，這次的海嘯造成大多基金負報酬率且平均是負四五十％，真的負很大，張小姐知道跌深加碼的理論，只是看到負很多，心中難免有點懷疑不信，覺得的要扣下去嗎？因她週遭的親友看到負很大都停扣了，張小姐咬咬牙仍決定堅持原則，數年後發現她對了，她的基金報酬率轉為正兩成多。

☆ 主角所學的教訓及財務規劃師的建議

一、問對人比較快

有時自己摸索看書，再作實驗。一來一回就是幾年後了，若實驗成功就繼續，若失敗可能就灰心不再投資了。我訪談過很多朋友，很多人投資基金的經驗不好，虧幾次後，從此就不再涉入基金，實在很可惜。

人生苦短，張小姐能很快的先問對人，利用別人的經驗成長，成功率果真變大也會有信心繼續投資，所以您週邊若有投資基金較成功的人，可向他們諮詢，對投資會很有幫助。

二、跌倒了要爬起來，一朝被蛇咬十年善抓蛇

大多人在某方面受挫，便容易在那方面打退堂鼓，但這不是成功人生的好態度。越挫越勇，並學習改進才有機會更上一層樓。

　　張小姐曾投資數度失利，但有智慧地詢問專業人士，沒有放棄投資，而是繼續努力，在選對基金、紀律扣款及嚴格停利的機械式操作下修成了正果。

　　被蛇咬過的人會有恐懼感，克服恐懼感需要設定目標後，作充分的學習。

　　要對蛇有足夠的認識，並找對師父學習，如果花足夠的時間學習及練習是有可能變成抓蛇高手的，就好像武打明星李小龍從小體弱多病常被欺侮，他沒有自此就把自己鎖在家裏足不出戶，反而是四處拜師學藝，最後變成武林高手。所以我們面對失敗的態度，最好是越挫越勇，去克服它，去戰勝它。

三、寫投資日誌及投資計畫明細

　　紀錄投資期間所發生的重大事件及對報酬率的影響，也寫下當時自己的心情，可能因此發現自己的心情好壞不會影響市場，便可以機械式的操作而不用情緒來操作。

　　單純的寫下基金的停利點按表操課，比如：

(一)目標：停利點三至三成。

(二)選擇基金：列出近一、三、五年排名前三分之一的基金名稱，列出淨值及波動高的基金，選出最佳的兩三支投資標的。

(三)若淨值下跌：定期定額的基金淨值若跌一成，則每月加碼一成，跌兩成則加碼兩成；若跌三成就加碼單筆等。

(四)嚴格執行停利：定期定額報酬兩到三成時則執行停
利，單筆報酬達三到四成時執行停利。

(五)停利後的資金可再尋標的投資

可以加大某基金的投資額度投入，另尋合適基金再扣
個一年或分批買單筆買進潛力基金

四、留一兩成資金作為低檔加碼用

很難說何時會有利空出現，若利空出現好基金淨值回跌，
這時就是加碼良機。

故事六：有一定的利潤，直接停利可確保利潤

　　林先生近來投資基金有兩三年的時間，經由理專介紹他購買了兩支基金定期扣款每月約扣兩萬元。

　　由於基金選的好，他的基金一度報酬率達到兩成，但林先生認為累積金額太小，想說等金額大些再停利出場。只是情況不是他所預料的，過幾個月後基金竟然遇到利空反轉，修正到報酬五%左右，讓他覺得悔不當初，結果他仍希望基金能回到報酬兩成甚至三成，只是事與願違，他的基金甚至跌到負五%，由於看到負報酬率，心理不舒服乾脆贖回算了，就這樣基金從正報酬率到贖回虧損，他投資基金的年數也只有兩年，卻經歷了許多情緒的起伏。

　　他在跟我聊過問題後，我建議他不妨可以考慮以定期不定額的方式操作，就是在低點加碼、高點減碼比較合適他常關心基金的習慣。

☆ 主角所學的教訓及財務規劃師的建議

一、設定報酬率一到，最好就停利不管金額大小，以免利空出現失去獲利

　　沒人能保證基金是否會遇到利空，所以看到獲利就停利最穩，不用冒獲利回吐的風險，全部停利後繼續扣款參與投資，這樣至少看的到獲利。

二、定期定額至少扣個三四年才能走完一個多空循環

　　可能扣個兩年就停扣，正好基金在低點就損失掉，增多單位數的機會，而若在報酬率高時就停扣，又忘了停利，可能

淨值回跌就遇到虧損,典型的例子是金融海嘯時很多人因禁不起虧損停扣,最後還是虧損,而大多續扣的人反而增多了單位數,在次年淨值拉高時,報酬率回正甚至達到兩成多。

三、定期不定額可在基金淨值十年均值以下進場、以上出場

筆記

故事七：長期抗戰型的投資

胡先生是我的客戶，任職公家機關，工作穩定卻想要做點投資多點收入，由於生性保守所以就挑個成熟國家的債卷基金又想說多賺點錢，所以買了一些股票型基金，於是買了就放著，並沒有習慣去檢視，一放就是好多年。

因他認為只要是定期定額扣款長期，不就是會賺錢嗎？所以他扣款後就不聞不問，只是最近剛好注意到他的基金績效，發現債卷基金價格往上漲也賺到些利息，報酬率是比定存好，但股票型基金績效不怎麼樣，也沒有作處理只是繼續的扣。

他還是希望能投資些積極的股票型基金，能讓他有更高的利潤，也許可將獲利拿去作旅遊。

☆ 主角所學的教訓及財務規劃師的建議

一、投資趨勢向上的潛力市場

胡先生並沒有去研究哪些市場會有趨勢向上的潛力，當然成熟市場比較穩，卻沒有那種往上衝的動能，長期言，新興市場因大量的內需需求，它的報酬率相對成熟市場會更好，比如巴西、拉丁美洲及中國大陸都是可能賺到價差獲利的市場。

二、每半年檢視一次，汰弱留強

如果所選基金長達一兩年績效不佳，就可以轉換基金操作，在同家基金公司轉換績效好的基金可免手續費，若放著不管有可能基金表現越來越差，因為基金連續一兩年都表現不好，表示獲利可能有問題。

因一兩年不算短，表現要與同類型基金比較，就是景氣好時它的報酬率要比同類型基金好；景氣差時報酬率不會虧很多，而他要克服這個問題需要很大的能量才能使績效往上，與其這樣，乾脆換好的基金操作獲利比較快。

三、有耐心的扣款投資

如果確定是選到好基金，而它的表現還不錯，那就要至少扣個三四年，相當一個景氣循環，當然要把績效壞的基金換成好基金，耐心的停利不停損，這樣多半會賺錢。

定期定額投資基金可能持續好多年，所以最好用電腦設立停利及停損通知點，方便執行停利。

故事八：單筆投資筆比定期定額更具風險

　　賴先生服務於保險公司，有一次聚會中聽到他主管分享投資全球資源基金，如何的賺錢，沒想太多，便一頭熱地買了五十萬進場，豈知這一買就讓他套牢好幾年，且一虧就是幾十萬，他由剛開始的想賺錢的熱情，變成對主管的暗自埋怨，怎會採納主管在台上講講的意見就讓他虧那麼多錢，他也不只虧這支，也虧了其他單筆的基金，包含那時正熱的境外香港中國基金，且一套就是好幾年，由於單筆的金額不小，所以定期定額所賺的都彌補不了單筆的虧損，這個經驗讓他損失快一百萬，真是不小的教訓。

☆ 主角所學的教訓及財務規劃師的建議

一、先要求理專電郵基金趨勢圖給你看或自己上網查看

　　理專賣你基金，越省事越好，她們往往不會給你太多的資料研讀，因這樣會降低成交的速度。

　　但這是你的基本權利及保護自己的好習慣，您至少要看過投資基金的上升或下降趨勢，及是處於高或低點，同時詢問理專的意見，合適進場否？以及理由為何？從而判斷該進場的時間點或等待時機。

　　賴先生連問都沒問就直接買到高點，從那時就開始反轉跌價很難翻身，如果當初能瞄一下趨勢圖就不難看出那是歷史高點，跌價機率幾乎是九成以上，就不會輕易進場，這時也需要操練忍耐，等候不應一時興頭上想買基金而進場，若真的很想買就作定期定額一個月扣五千就好，等回檔再扣多些。

　　好比最近理專叫我買些債卷基金領息，我就請他印出趨勢圖給我看，結果就看到基金已漲很多了，理專還是鼓吹我單筆大額進場，我問他是否會賺了利息賠了價差，因為買到高點。他跟我說趨勢是向上的，我覺得他想賣我都會講的很樂觀，所以我認為即便我要進場，我也會小批分批進場往下買才安全。

　　因為前幾個月一位朋友買了一檔公司債，他覺利息不錯就買了，怎知沒幾個月淨值就下滑了十幾%，讓他心痛不已，本想等價漲時賣出再買進公債的，現在也被套牢，還好能領息，期滿時仍可領回八成多的本金。

二、買跌不買漲且要分批進場

　　通常那主管在分享獲利時，就是基金漲到高點時才會獲利，很可惜他並沒提醒大家這時上車恐被套牢。

　　通常小跌小買，大跌大買，等淨值上漲時才有差價可賺，同時跟股票一樣，基金也有五年十年均線，通常在均線下進場，均線上出場是通則，所以看趨勢圖能知道基本進出場點，如果要作單筆，建議就作一到兩支就好，才有時間研究它的趨勢圖或相關消息面。

三、單筆要停利也要停損

　　單筆投資有時套在高點，可能一套就是好幾年，不像定期定額能買低點時累積單位數平均成本，淨值往上贖回就會賺，因為一次買到高點，數年後也未必到原高點，這我也有經驗，有可能十年後原高點又回來，只是這中間已損失十年的投資機會或利息，所以停損出場能保留元氣再戰，很可能再獲利。

四、分批進場也要懂得分批出場

　　跟股票一樣，沒人知道基金何時為最高或最低點，所以分批出場可以等淨值變高時賣出，第二第三批基金會賺更多，如果淨值下降可以趕快將第二、三批出場也不會少賺很多，如果淨值往上一次就出場，恐怕損失了淨值再往上的獲利。

　　分批進場道理一樣，如果基金淨值往下跌，買第二、三批的基金可買到更多單位數，倘若基金淨值往上，就趕快買第二、三批，這樣買到的單位數也不會少太多。

筆記

故事九：投資較大額可能賺多也可能賠多，關鍵要選對基金投資正確

　　張小姐任職於仲介業，由於經手都是大筆金額，她對那種一個月幾千塊的定期定額投資基金有點看不上眼，就想不然就買大筆的單筆或定期定額每月扣多點才有感覺，結果她這兩項都作。一開始就定期定額作每月三萬時扣款，同時作了單筆投資一百萬一次，她對基金投資沒什麼經驗，結果定期定額和單筆恰巧買到相對低點兩個都賺，便停利出場把錢放在銀行裏，然後繼續投資一百萬在另支基金而定期定額續扣，這次沒這麼幸運，她的投資雙雙失利，把之前的獲利都吐回去。

　　想想投資還真的有起伏有風險的，張小姐的專長是房地產投資，現在跨足到基金投資似乎還是要做些學習及花時間執行投資計畫。

☆ 主角所學的教訓及財務規劃師的建議

一、初學者最好先作基本的定期定額投資，初試水溫再學習單筆操作

　　定期定額可隨時進場，因已平均掉成本分散了風險，基金選對後就一直扣只需停利不停損，操作不大花時間，只需用電腦設停利點提醒。而單筆就需要仔細研究基金趨勢圖及未來的行情，進場的時點價位已決定未來的獲利了，所以相對風險也高，如果不用花心力的作了定期定額投資，又可從定期定額報酬率判斷高低點來決定單筆進出場點，比如定期定額報酬率負兩三成時，就知道是單筆的進場點；而報酬率高到三四成，就是單筆要出場的時候。

二、出場獲利的錢若沒急用，可以再投資正確標的讓複利產生

投資的獲利若放在定存只賺一％利息，很可惜，但也可能放錯標的，把錢虧掉像張小姐的情況。

所以要加大獲利可以安全的加大定期定額的額度，比如五千變七千，若原基金趨勢仍往上，可加大投資額度。若判斷趨勢往下，就找另支產業趨勢往上的基金作定期定額投資個一兩年。

產業趨勢往上或往下，只要觀察多位專家的評語作歸納，便可找到共同點。比如可查詢雜誌及GOOGLE的產業查詢，觀察哪個產業趨勢往上，再尋找那個產業的好基金就可作為投資標的。

有時您甚至可從專家口中歸納一到兩支好的、趨勢向上的基金，而不需要自己花心力判斷，比如找很多資料，去過濾一年三年五年排名在前面的基金等，比如現在因美國大量印鈔，黃金與原物料看漲，但相關的基金很多，您怎知哪支比較好，直接歸納也是方法之一，若可行，能稍稍印證一下基金排名又更好，所以投資基金做兩三支以內，就能專注操盤贏得好績效。

再者，若很有把握某基金是在五年十年均線以下，便可進場投資單筆，淨值漲到均線以上再出場獲利，張小姐獲利後應該做這些基本功課再進場，而不是不做功課就進場，結果風險就高了。

三、有不錯的獲利時，單筆與定期定額都要分批贖回確保獲利

通常有獲利時，單筆的獲利通常比較大，因為量大，所以可以分批贖回也需分三次，這樣也許基金淨值仍往上，就可以多賺些。

基金贖回後，再把定期定額投資整個贖回獲利了結，也可分個兩三批贖回，倘若獲利不錯還是要在一定時間內贖回全部，因為沒人知道獲利會不會因突然的利空而回吐，全部或利多出場後，也可繼續投資趨勢向上的同支基金或別支有潛力的基金。

故事十：再忙也要研究手上的資料

　　先蒐集所有基金報酬率報表，再花一個小時整理好基金列表，方便追蹤。獲利時可停利，連續一兩年表現不好就汰弱留強。

　　田先生不大做投資，但總覺得要做點投資財富才會累積的快，於是聽了有人建議先投資基金因其風險比股票低，一開始他也不知道要買哪一支，就請銀行理專建議，於是理專就在櫃檯直接幫他申購一支，田先生似乎對基金不很了解，只曉得是理專建議的基金，事隔半年一年後，田先生偶爾收到報酬率表，發現報酬率不理想，他只記得是某支台灣的水資源基金什麼的，由於長期績效不佳，就特別請理專把他作停扣，田先生經濟情況不錯，所以同時在渣打、台企及投資型保單上都有扣定期定額。只是投資型保單上的基金，他扣了每月一萬三千元，選了十支基金定期定額讓他搞不清楚狀況，分不清楚單筆和定期定額基金的績效各是多少。前陣子他拿到渣打的基金報表，發現基金報酬率達到二十二％，但因沒空去辦停利就放著，後來卻發現報酬率往下跌了。

　　田先生工作忙碌，不大會用上班時間去找理專討論，所以很多時候就是讓基金放著，沒做什麼調整或停利等動作。

☆ 主角所學的教訓及財務規劃師的建議

一、最好簡化基金的投資組合，方便嚴格執停利及汰弱留強

　　沒有停利等於沒做投資，所以再忙也要撥時間停利。

　　田先生的投資型保單中最好能明確的看出定期定額及單筆基金的績效，這樣方便看到報酬率多少作適切的反應，通常定

期定額報酬負兩三成時，單筆便可考慮加碼，但混在一起就搞不清楚了，所以建議他可考慮投資到銀行或投信公司會有清楚報表可看，然而他的投資型保單組合有十支基金，雖說可分散風險卻很難追蹤其基金趨勢，所以降成四支基金較好。這四支基金可考慮原物料及新興市場相關的基金，然而台企那兩支台灣基金，經過兩三年都表現不好，而別的基金卻相對表現好，建議停掉，換成黃金存摺，因為黃金屬原物料類，有需求所以會漲，也可投資黃金基金，但手續費稍高，這兩個月已由每盎司一千兩百多美元漲到一千四百多美元了，以上就是汰弱留強。

二、不要完全依賴理專

要問理專推薦基金的理由，最好自己先閱讀近年趨勢會向上的基金標的，這樣投資方向才會正確。

很多人因忙碌，並且也信任理專，就直接在銀行扣款，反正每月扣五千一萬說多不多。我自己也曾這樣，但後來發現理專推薦的往往是銀行最近在架上的商品，這有利於他的業績，卻未必有利客戶。

想了解趨勢只需要到超商買本雜誌就可略知一二。比如近年來的趨勢向上的標的會在：能源及原物料、亞洲股市或新興市場及高收益債。理由是經金融海嘯後新興市場的財政赤字沒成熟國家多，因成熟國家借很多錢救經濟，新興市場內部的需求仍大，比如中國和印度的人對原物料仍有極大的需求，現在新興國家的股價淨值比及平均本益比雖有上升，但仍有空間往

上，比如蘇俄、墨西哥與巴西的本益比等仍不高，最近中國與印度市場因漲高回跌一兩成正是可加碼的好機會。

亞洲人民的持續變高的內需消費、高儲蓄率、薪資成長及相對成熟國家較低的失業率，使消費力道逐漸攀升。然而中東利比亞等國動亂及政局不穩，造成油價飆漲連帶也使原物料如黃金有上漲空間，比如中國就在最近兩年進口大量的原油破了歷史紀錄，代表著原油及原物料等需求的上升，所以投資這個標的會有賺頭，原物料指的是礦產、石油、黃金等有限的資源。

三、保守的投資者可考慮加碼些新興市場或高收益債，因美國公債可能因升息而價格下降

通常在人多錢多的地方可以賺到錢，剛說新興市場有不錯的財政及龐大的內需，所以熱錢長期會往這裡跑，進而推升這邊的報酬率，而美債因升息可能會下跌而賺不到短期的價差，目前新興市場及高收益債因價高回檔是進場點，我判斷還是有長期的上升趨勢，可考慮作部份佈局，然而美債若是作長期收利息用，可考慮等升息及中東情勢較穩定後進場，可以買個較低價位，領長期的利息作退休金。

第三篇

縱橫國際求富貴

外匯篇

★ 什麼叫外匯

　　外匯指的是以外幣計價的投資儲蓄工具，比如說外幣保單、外幣基金、外幣連動債、外幣公債、外幣旅行支票、外幣定活存、外幣期貨等等。

　　談到外匯，大家會想到世界三大最強勢貨幣就是美金、歐幣及人民幣，另外澳幣的表現也是可圈可點。歐元在歐洲用同一貨幣時，由二零零二年一直上漲直到二零零八年，升幅近八成，可惜在零八年後歐洲諸國問題叢生，比如希臘財政風暴延燒到葡萄牙、西班牙、義大利等國家，一度使得歐元大貶一兩成，該貨幣成為弱勢貨幣之一，歐元要回到之前的高點恐有困難，但也應不會貶不停，因歐洲政府還是會保護歐元幣值，而歐元可能因匯率利率雙低，而被借貸投資到高利貨幣賺取利潤（套利），因其利率低所以歐債上升機率高，所以可考慮進場投資歐債標的(因債卷價格會因利率下調而變高)。

　　那麼歐元變弱，外匯中的美金變成較好的投資標的，歐元對台幣的匯率從二零零五年到二零一零年間，只有零五到零六年一年多是在四十以下，約兩成機率，所以在四十以下的匯率是可持有少部分歐元分散風險，因歐洲問題終將解決，只是時間問題，若要佈局歐元，可選擇歐元對美元約一點一元以下分批買進，如果要配置比例，我建議在美元部分放五成，歐元部位放兩成就好，但作此配置前提在三千萬資產以上才有影響，否則影響不大。

故事一：賺取澳幣的利差及匯差

　　江先生是我認識的銀行理專，平時熱心服務客戶，對自己的理財規劃也很投入。他平時就有關注外幣如美金、歐幣、澳幣、人民幣等，有一次幫客戶介紹商品時無意中發現，澳幣來到歷史新低對台幣約為二十三元，又有高利息的加持，江先生毫不猶豫的投入五百萬台幣進場買澳幣，並作定存。

　　江先生不愧為好理專，他自己的澳幣定存竟一直抱了幾年，直到澳幣升到二十九點多時，就認為應是出場時機了，就這樣，同時賺了利息與匯差共賺四五成的利潤，又多了兩百五十萬的資產，真是過癮。

　　人家說不要相信禿頭的理髮師，因他自己都搞不好自己怎麼幫人理好頭髮，而這個理專朋友自己就是個好見證。

☆ 主角所學的教訓及財務規劃師的建議

一、先讀歷史匯率趨勢圖，再決定低買高賣

　　您若讀澳幣對台幣的歷史趨勢，就不難發現二二、二三的匯率屬於低檔，而二八以上算是高檔，這樣就可抓進出場點了。

二、澳洲央行若有升息趨勢，此舉會使利率及匯率上升，宜持有，反之則賣出

　　如果澳洲央行降息則匯率、利率會降低，您持有的澳幣會跌價宜賣出，因為政府升息時會吸引外資進場取高息，從而推升澳幣匯率，這樣可賺到利息與匯率。

三、要注意匯率差而利息高的情況是否划算

比如現在澳幣對台幣已到二十九，若算其低點為二十二，如果年息為六%，定存四年後賺了二十四%，若在匯率二十二出場，則也虧了二十四%〔(22-29)/7= -24%〕，不賺不賠浪費了四年的時間，不然就是等候匯率回升到二九再出場，保住利息戰果，若匯率買到高檔區，獲利機會也會減少。

故事二：趁金融海嘯賺取公債價差及美金匯差利

　　約莫西元二零零八年，海嘯那段時間，資金紛紛流入美國公債及美金來避險，所以這兩個工具價格暴升，我建議客戶陳先生趁機將公債賣掉獲利了結，而那時美金匯率超好的，甚至到達對台幣三四、三五。

　　聽我的建議，他二話不說將香港賣掉公債所得的二十萬美金，一次匯入台灣分批買台幣，可惜他聽到雷曼投資公司講說美金對台幣可能會到四十，就想等匯率更好時再換成台幣，沒想到雷曼講的是反話，美金匯率反而由三十五一直往下探，他用一萬美金換台幣在三十五的匯率，期望匯率更好，因要換更多台幣，結果很快的匯率降到三十四點五，他再換個一萬美金，也期望匯率能更好，結果又掉到三十四。

　　台銀有個所謂的外匯專家，告訴他美金匯率會回到三十五，他也希望如此，只是匯率又從三十四掉到三十三點五，我馬上判斷這些專家根本在講反話，於是建議客戶一口氣把十五六萬美金一次在三十三點多的匯率全部換成台幣，結果證明有些專家是專門騙人家，美金對台幣的匯率從那時就再也沒有回去三三點多的匯率，現在甚至已掉到二九了。

　　觀察到美金對台幣二十年的平均匯率，約為三二點五，客戶就從三二點五一直分批往下買美金，一直買到二十八點多，共買了約二十萬美金，平均匯率約為三十點五，因沒預期美金會掉這麼多。

　　但我判斷匯率回到三十二可能需要好幾年，當初二十萬美金在匯率三三點六換成台幣，又將台幣自三十點五匯率買回，則報酬率為(三三點六減三十點五再除以三十點五成本匯率報酬率為十%)，而二十萬美金的十%為兩萬美金的利潤，約六十萬台幣的外匯利潤，歷時兩年多戰果還可以。

> 另外客戶又用台幣以匯率三十點五買美金約十五萬，若半年一年後匯率漲回三二點五則報酬率約為兩元除以三十點五等於六點五%，乘上本金十五萬美金約獲利一萬美金近三十萬台幣利潤，只是近年來美金回升到三十二點五，需幾年的時間。

☆ 主角所學的教訓及財務規劃師的建議

一、請詳讀美金對台幣趨勢圖判斷高低點

近十幾年來，美金對台幣匯率最高約為三五，低則約為二十八點多，所以可歸納三五算罕見的高點，而二十八是低點。

當我們聽到所謂專家或專業機構預測匯率趨勢時，可用趨勢圖來檢視，比如雷曼說美金會貶到四十對台幣，而匯率三五幾乎是罕見高點，若沒特殊的事件，雷曼預測已偏離經驗值太多，結果也證明它的話不可全採。

同樣也可用趨勢圖檢驗其他專家所說的話，就像那位台銀的外匯專家說美金會回到三五，結果反而一直掉，最後還好我趕緊請客戶在三三點七全換成台幣，績效還不錯，我認為要檢驗專家說的話，也要相信自己做過研究的判斷來作決策。

美金對台幣的匯率影響到以出口為主的台灣經濟，所以除非有極重大的理由，通常匯率要有極大的變化，如四十比一機率不高，所以三十五是二十幾年來歷史的最高點，當時換個十萬美金也不為過，但可惜只換了一萬美金，下次可當機立斷多些以賺多點匯差！

二、不動本的投資法

陳先生買公債是為了長期領息作穩定的退休金，若可行，盡量再以低價買回公債以免本金因不當投資而折損。

陳先生當初以面額溢價一百一十元，買入二十萬美金公債在海嘯時賣掉賺了近五萬美金，然而扣除這三年損失的三萬美金利息及手續費，再加上匯率上賺了一萬美金，約用三年賺了兩萬多美金。

目前公債價格因中東動亂，價格仍高約溢價一百一十七元，高於之前的購買價一百一十元，所以只要價格跌回一百一左右就可考慮進場，繼續領息以免起初退休計畫被打亂。

陳先生原本計畫用二十萬美金買美債，但因苦等價格仍下不來，乾脆先買公司債再伺機進場美債，結果發現被套牢十二萬美金，不得已，只能放二三十年領息了。所以我觀察到忙碌的陳先生會到處投資，還有理專會請他買一堆產品，為了安全起見，建議他還是用剩餘的十萬美金購買美債，可確保一定領得到八九成本金回來，同時長期領息。

我認為他至少規劃一大部分的錢不動，能領到長期退休金，才是好保障，其他有多的錢投資若虧掉也不影響生活，我稱之為不動本的投資法。因為一旦動到老本涉有風險時，老本一旦減少生活費就可能會有危機，但如果公債價格長期不下來，也只能暫放投資級公司債領息！

三、固定領的美金利息，可先存著，等候匯率好時分批換回台幣

陳先生目前還有工作收入，甚至可完全支付掉全年支出，所以每年領的美金利息會自動匯入銀行，這些美金可以做些投資，或匯率好時分批換成台幣。

然而我建議要詢問理專建議的投資計畫理由才作投資，因我發現他香港和台灣的理專，因管理他戶頭方便，就隨意建議投資標的，害他虧掉或套牢很多錢。他香港的理專讓他的三萬美金變成了一萬五美金，到現在還沒有改善，大多理專不會跟客戶講現在買點太高，因為他巴不得現在就有業績，如果理專跟你說以後等價格較低再進場，恐怕生意就不見，對他來說現在有業績進來，他就有佣金可賺，這是很現實的事情，如果不放心理專的建議乾脆轉美金定存，等好的建議或匯率出現再作決定。

故事三：大家都説買人民幣一定賺，結果他存人民幣一年多還是虧錢

　　曾先生是我客戶，常跑大陸出差，所以對人民幣很有好感，原本想在福建廈門中國銀行直接開戶，買年利率三點五％的中國公債，賺匯率及利息，後來發現中國外匯管制嚴格，很難匯出，若要帶出，只能帶個小部分回國，想想等於錢留大陸拿不出來，但還是常聽到新聞講說，人民幣一定升值，卻又不放心錢存大陸，最後想到一個方法，就是乾脆在台灣換人民幣現鈔，存到銀行保管箱裏，說著就做了。

　　他來回數次，每次換個兩萬人民幣現鈔約台幣八十萬等值，分別存在台北及中壢兩間銀行，預期升值後，換回台幣賺它一筆，怎料好幾年後，發現人民幣對台幣由之前匯率四點八多，反而降低成為四點四多，縱使新聞都說人民幣鐵升，結果還是虧錢，他的人民幣現鈔還是躺在保管箱裏，讓他每年繳納保管費。

☆ 主角所學的教訓及財務規劃師的建議

一、台幣與人民幣升降屬同個方向

　　媒體或新聞說的只是參考，未必一定實現，人民幣比較不受國際市場的影響，而較受中國政府的操控，所以曾先生的八十萬台幣，帳面上有虧損，但放久些也可能賺，若他急著用錢，建議可以先換成美金存款，等候美金升值時換回台幣還不致虧損，理由是人民幣此時可換較多的美金(因美金對台幣相對弱勢)，而美金升值後換回台幣可換多些台幣，人民幣與美金幣值走反向，或許放久點很有可能人民幣升值換回多些台幣獲利

了結。

二、台灣近期會有許多人民幣相關投資商品可投資

可以再買些以人民幣計價的基金或股票，同時賺匯差及投資價差，由於香港屬自由經濟市場，錢要取回比大陸較方便。

故事四：保守的姜先生，在匯率均線以下進場，均線以上出場，所以所戰皆捷

姜先生是個保守的存款族，他幾乎只作台幣及外幣定存，因為害怕風險。

隨著接觸理專越多，所接觸的資訊越廣，所以他延伸他的投資到澳幣的匯率與利率投資，他生性保守，所以投資前會詳做研究，不因理專推銷哪檔而隨之起舞，所以他先問澳幣對美元的十年均線約為多少，得知約為一比零點七四美元時，他便在均線下分批進場，但經歷到金融海嘯發現美元因避險而升值使他的資金一度套牢，只能忍痛放著，最後回到零點九多元趕快獲利出場，也賺了了一兩成的獲利。

他發現投資需要較大的心臟及忍耐力，然而只要在均線以下進場，忍耐等候的獲利竟是台幣定存的數倍時，覺得外匯可以做，便將部份的台幣定存解約換澳幣定存，收取利息及賺匯差。他也如法炮製，查詢到美金的十年平均匯率約為三二點五，於是也進場購買部份美金，買到的平均匯率約為三十元，希望忍耐等候到獲利出場，只要有五%以上的獲利，他就會滿足出場，因為是他習慣的定存利率的五倍。

漸漸地，他發現外幣獲利比台幣定存好，有一大部分資金都移向外幣定存。

☆ 主角所學的教訓及財務規劃師的建議

一、只要是在均線以下購買的外幣，要能忍耐等候價格回升賣出

許多人知道原則，只是看到投資外幣虧錢就停損出場，怎知後來幣值回升甚至超越均線變成獲利，也就莫可奈何了。

　　所以投資需要忍功，就好像許多人做股票，看到股票被套牢就停損出場，沒有忍耐的結果，就會換來虧損。如果在均線以下購買，就要有信心等候幣值回升後出場獲利，然而建議用閒錢投資才有本錢等候獲利。操作外幣、股票、基金頗相似都是，在五年或十年均線以下進場，均線以上出場，

　　然而澳幣有升值趨勢，因為它有大量的原物料及自然資源撐腰，美金雖被大量印製，但長期是避險及國際通用貨幣，有一定的保值性。

二、將定存的台幣部分投資到外幣定存，至少利息較高

　　如果在均線以下購買外幣定存，長期而言至少利息比台幣高，也可趁匯率好時換成台幣，現在強勢貨幣為澳幣、人民幣、美金及歐幣。其中澳幣的利息最高，澳幣對台幣的十年均線約為二十五，平時在二五以下的匯率就要換匯，存在定存，避免匯率太高時衝動換匯。

三、強勢貨幣，相對低點進場

　　歐幣對台幣可在三十九以下，澳幣可在二十五以下，美金可在三十以下，就漸漸換為台幣存著。

　　以上強勢貨幣，一定是要在相對低點進場存著，才能賺匯率及利率，如果匯率太高則需等候回檔時再進場。

故事五：不喜歡操作基金股票，乾脆買張外幣保單，利息不錯又沒風險

王先生生性保守，對於國外的投資工具或國內的股票、基金一向敬謝不敏，然而他一直嚮往財務自由的生活，希望投入一些錢就能固定每年領到錢花用，他之所以會排斥股票、基金，原因是之前有投資，但屢嘗敗績，印象不好也害怕再失敗，乾脆從此不碰。我與他談過只要能從經驗學到教訓，下次改進就好，他似乎聽不進去，而王先生已四十多歲步入中年。

☆ 主角所學的教訓及財務規劃師的建議

一、如果實在很排斥某些工具，也可以投資在可接受，較保守的儲蓄保單等方案

有些人願意從不好的投經驗學教訓來改進，有些人乾脆不再碰有壞經驗的投資工具，這個是勉強不來的。因為他若覺得換個工具作儲蓄投資比較愉快，這也未嘗不可。

在王先生的例子中，目前的外幣保單可滿足他的目標，原因是美元是國際避險貨幣，也是原物料的計價貨幣，所以美金的幣值穩定性佳。尤其現在對台幣的匯率約為二十九點五，而近二十年的平均匯率約為三十二點五，所以匯差利約為十％。

加上六年期的外幣保單，期滿有每年四％的利息，且大多本金可隨時領回，利潤還不錯，對於王先生保守的個性，這樣單純的方式存錢領錢利息也比定存高，應該是他能接受的好選擇。

二、美金雖被唱衰，但長期言仍是相對穩定的貨幣，可作資產配置中的一部分

美國曾在西元兩千年時，為解決高科技泡沫問題，主導美元利率下跌並促使美元貶值，使得美元指數一路跌到低點七十上下，幾年後全球間歇有許多金融災難發生，使得美元又升值，甚至美元指數一度曾升值到九十左右。然而在二零零九年，美國大量印鈔，使得美元指數貶回八十左右，最近又因中東戰爭與日本地震使得美元指數回升，所以國際避險貨幣美元，仍然有它的可保存性，至少全世界仍放心把錢放到美金資產，因為至少避險有某種保值性，只是除了美金資產儲蓄外，可以存些原物料及實體標的如黃金、房地產、礦產等平衡風險。

三、存夠保證的生活費

如果資本夠大，也不需要操作股票基金賺錢，因為只要放個一千萬到利息四%的儲蓄工具，就保證年領四十萬，那生活費就夠了。

王先生害怕股票基金帶來的虧損，所以他只要每年存個約一百六十萬，存六年到期的外幣保單，六年後每年保證領約四十萬台幣，而大多本金也可隨時領回(可等美金匯率好時換回台幣)，這樣基本生活費就有了，所以也不用操心操作投資很麻煩，然而一般沒有大資本的朋友就要好好學習操作股票基金的賺錢術了，只要好好學習，知識能破除恐懼，也能讓人賺到錢。

故事六：保守的定存，林先生購買高息澳幣連動債，會賺還是會賠

　　林先生是我的老客戶，是個投資保守族資金一向放在定存、儲蓄險等極保守的工具，他本身從來不投資，也沒有這樣的經驗。

　　他喜歡保守工具，不是因為在股票基金投資中虧損過，而是因為從以前就只接觸保守工具，現在也習慣把錢放在定存和儲蓄險，認為這樣的工具不花時間也可拿到利息，不用傷腦筋，很合適他的生活方式。

　　幾年前他的保險顧問推薦他澳幣連動債六年到期，每年約有六%的利息，而到期還本以澳幣計價，他進場買的澳幣對台幣匯率約為二十九，看來是不錯，只是他期間收到績效表，常發現報酬率有正有負，讓保守的他有點疑慮，在期滿時到底會虧還是保證賺。

☆ 主角所學的教訓及財務規劃師的建議

一、保本連動債若擔保機構穩定，比不保本連動債更能確定獲利性

　　保本連動債唯一要注意的是匯率風險，如果能在較低而安全的匯率進場，幾乎是穩賺不賠，對保守族是很好的投資標的，問題就是要看好匯率趨勢，比如澳幣對台幣的匯率是二十九，那麼屆時期滿領回的匯率是二十五，則匯差損是約十三點八%(二九減二五除以二九)，總利息三十六%(年利息六%)扣掉匯差損十三點八淨利為二十二點二%。

　　若澳幣對台幣匯率變為十八點五，則匯差損約為負三十六％，抵掉總報酬率正三十六％就沒有利潤了，只是長期而言，要到這麼低的匯率很不容易。

　　林先生進場的匯率點有點高，因近十年澳幣對台幣匯率約二十五，是均線即平均值，所以可能匯率下降的機率比較高，但澳洲是全世界最大的農產品及鐵礦砂出口國，偌大的出口量及高檔的利率一直推升澳幣幣值，所以有可能澳幣對台幣近十年的平均匯率也會隨之拉升，然而在林先生澳幣連動債到期後，最好等到匯率大於或等於二十九，再換回台幣比較划算。

二、連動債的擔保機構要財務穩定且經營穩健才有保障

　　之前雷曼倒閉主因公司操作偏向高槓桿，使得百年老店迅速倒閉，所以不只連動債的擔保機構信評要好，並且它的公司操作需要穩健安全。

　　現在金融海嘯過後，許多公司的操作也趨於保守，投資變得相對安全。

三、分批買進三大貨幣

　　林先生可以嘗試在世界主要三大貨幣：人民幣、歐幣、美金對台幣匯率相對低時分批進場購買，賺匯差及利息。

　　保守的林先生只要能在三大貨幣十年匯率均線以下分批進場購買存定存，等到匯率漲個一兩成再賣出，便可以賺到匯差利與定存利息，若遇到好的保本外幣連動債，就可直接進場購買，這樣就有賺到匯差利及定存利息的勝算。

故事七：戚先生賺了基金價差，卻賠掉匯損

　　戚先生是我拜訪華碩電腦時認識的新朋友，他擅長投資基金，從基金操作中賺了不少錢，只是有一次出乎他的意料之外，當他贖回以為獲利三成的基金計價美金，結果卻沒獲利這麼多，他發現十一天後才取得贖回資金，竟然獲利三成變成獲利兩成，後來才發現原因就是匯差損，想不到十一天內也有美金貶值一成風險，因為基金以美金計價而贖回時變成台幣，由於他對基金操作的高度信心，使他對保本型的商品沒有任何興趣，因為覺得報酬率太低，然而他操作外幣基金的經驗僅限多頭，空頭經驗還是不多。

☆ 主角所學的教訓及財務規劃師的建議

一、留意各家規定

　　如果預判基金的計價幣值將有貶值嫌疑，可以先贖回放在外幣帳戶，但要看各基金公司的規定。

　　投資型保單在贖回基金後可以選擇資金放入外幣貨幣帳戶，待外幣對美金匯率好時才換回台幣，而投信公司的基金有些可以要求贖回的外幣，大多為美金先存入銀行的客人外幣戶頭，待匯率好時再換回台幣，如果有台幣資金急迫需求時，不妨可以買些台幣計價的基金，在急用時便可避免匯差損的問題。

二、報酬率很重要，資產配置也很重要

　　大多人在股票或基金上賺到錢後，對保本型商品就看不上
大多人在股票或基金上賺到錢後，對保本型商品就看不上眼，

可能經過幾次空頭後報酬率變負的後，才會重新思考原來報酬率的後面就是風險，這時才會想到要配點無風險的保本型商品。

我但願大多朋友投資都是賺錢，只是實務上虧錢的人也不少，所以從資產配置的觀點配些利息不錯的保本型商品，對於許多利空狀況，能穩定資產不至於虧太多。許多投資能力強的朋友，大多錢都放在有風險的股票和基金，利空時受傷最大的還是這些朋友，而那些能配置部分保本工具的朋友，反而能逃過一劫。

三、投資真功夫，需要歷經空頭才能驗證出真實力

二零零九年股市由四千漲到八千點，此時隨便買隨便賺，因為在上升的多頭趨勢，而在盤整或空頭時，需要用較難的作空操作，此時能賺錢變是真實力，許多人多頭時賺了錢，卻在空頭時把錢吐回去了，其實也可以等到上升多頭趨勢才做投資比較有勝算，等待空頭過去再來投資。

故事八：台幣強勢時是賺匯差利的最好時機

曾小姐從未出國過，以後也不打算出國。她的資金清一色放在台幣資產，比如股票、跟會、台幣定活存等。理專跟她提到外幣商品，她總覺不需要，因為她認為她長住國內，沒有外幣需求，所以台幣商品對她就很足夠了，同時她做股票多年頗有心得錢也夠用，對外匯興趣不大。

☆ 主角所學的教訓及財務規劃師的建議

一、還是可考慮外匯

當台灣股市走長期多頭時，外資相繼匯入賺錢會推升台幣幣值，這時購買外幣再伺機賣出外幣可賺匯差利。

台灣股票曾在民國七十三年起，六年內股市由六百多點漲到萬點，當時美金對台幣的匯率一度從四十多快漲到二十五元，證明了台灣股市漲多時台幣升值，這時是可以用台幣買美金、歐幣或人民幣賺匯差利的時候，然而國內投資環境變差時台幣也會跟著貶值，這時外幣強勢可把外幣換回台幣賺匯差利，所以曾小姐可以考慮賺個匯差利。

二、國際比較好的避險貨幣是美金、歐元及瑞士法郎

資金配置在以上外幣風險性較小，因為當國際局勢動盪時，這些幣別有保值的功能，有點像穩定的績優股，只要進場價格不高，通常都會有利潤。

三、大量閱讀，增加並運用知識形成智慧，就會有信心操作外匯

　　曾小姐不碰外匯，主因在於不了解。俗話說知識就是力量，知己知彼百戰百勝，一個戰役能預先知道對手策略，在冷靜的沙盤推演智慧應對後，通常能贏得勝利。同樣的，如果大量閱讀外匯相關知識，並消化運用之，實務操作中不停的修正策略，知識破除恐懼後帶來信心，操作外匯就會駕輕就熟。

筆記

故事九：看到高定存利息就存錢進去的朱先生

朱先生是保守的定存族，只要是定存，不管任何幣別他都有興趣，而且利率越高越好，之前的澳幣紐幣利息六％以上，他就存了大筆的錢，南非幣也是，甚至還飛到福建廈門去存人民幣公債，年息有三％多。台幣與美金銀行定存少一些，因為利息太低，只是他看到高利息，卻不大注意要在匯率低點進場，反正利息高的外幣他就存一堆錢進去，由於也沒有急需錢，所以就把錢存著，加減領利息，他存入的資產有一兩千萬台幣之多。

☆ 主角所學的教訓及財務規劃師的建議

一、不要賺了利息賠了匯差

存閒錢在銀行定存沒有風險，唯一風險在匯率，最好還是要在匯率較低時分批進場。有時賺了利息賠了匯差。

朱先生存很多外幣定存，也沒有特別研究匯率趨勢，存的很隨興，就是看利率高就存了。像這樣的貴賓客戶，我倒覺得可請理專留意好的匯率再分批進場，但要找好的、真的為客戶利益著想的理專規劃師，因許多理專只為自己業績，沒為客戶利益著想，會貿然叫客戶進場買外幣或商品，只是為了他自己的業績。

現在國內許多銀行規定，存一百萬台幣就是貴賓客戶，有些是一百五十萬，而外商銀行普遍為三百萬以上，可以將錢分存兩三個銀行可比較各理專的專業度及差異性，甚至可以發現哪一兩位理專較專業或認真服務客戶可將大多資產交給他來管

理，這樣可藉著理專的專業及頭腦來作好外匯定存。

二、有很多保守工具如美國公債，利息比外匯定存高，且沒什麼風險

買美國公債或外幣保單肯定比美元定存還能拿到更高的利息，所以不妨買些提高報酬率。

三、台幣定存可放一定的量，畢竟是經常要用的貨幣，且沒匯差風險

朱先生看高利息就存錢進去，台幣使用度最高，仍要持有一定比例較安全，況且現在台股行情好，推升台幣的幣值，所以台幣有持有的價值。

筆記

故事十：會被CALL回的公司債及債卷，不合適作退休金

我是國內外數家銀行的貴賓VIP客戶(如果我沒有理好財，那寫書就相對沒有說服力，但我也不願誇耀給人聽)。

因為分散風險，我是要將部份資產放在台灣，所以請理專幫我找些好的升息工具，她們推薦我購買美國政府機構債，就是以前的房地美，年息有五%，利息不錯，只是領了一陣子就接到理專電話，她們說公司把債卷CALL回，我因此就沒有利息領了。

幾年間有好幾次發生CALL回的情況，我開始不安於這種不能長期穩定領息的模式，然而我對公司債信任感不大，因為信用風險較高，最後我還是把錢轉到香港去買美國公債，其實也有很多國家的公債比如馬來西亞、印尼等，但我只認為美國最穩，其他公債敬謝不敏。

☆ 主角所學的教訓及財務規劃師的建議

一、許多政府等級債設有CALL回的機制，因為不想負擔長期的利息

CALL回對靠利息生活的人增加變數，所以最好找不CALL回的公司債或公債作投資比較穩當。

二、不要盡信理專

理專很容易叫貴賓客戶買基金、買儲蓄險，即使時機不洽當。因為他們有業績壓力。

我幾年前領回機構債的本利，理專要我買基金作投資，只是我看到的是淨值高點，他說還會更高，這時你要判斷未來趨

勢會往上再進場，因理專可能為業績緣故，說趨勢是向上的，
如果套牢是你虧，但他已賺了手續費。

三、要選擇為客戶利益著想的理專

真正專業又為客戶利益著想的理專不多，但是找到這樣的
好理專要珍惜，比如我就是其一了，所以為何要開兩三個戶頭
做比較，這樣才能找尋好的理專。

筆記

故事十一：長期言，政府公債比公司債更穩，然而有些良質公司發行的債卷也不差

　　呂老先生理財方式喜歡將本求息，因為他覺得老本不可輕易用完，一旦用完可能還有很多日子要過，卻沒有生活費可用了。

　　幾個月前理專介紹他一檔美金計價的公司債，他馬上就買下，因為利息很高年息有六%，雖然溢價發行，他花了多兩成的成本購買面額十萬美金公司債年息六%，約二十年後可還本八成。

　　他起初買時很興奮，認為利息很高又到期可還大部分老本，只是過幾個月後他發現基金淨值降了十%，沒看就算了，看到報酬率負這麼多，難免心情受影響，他本來想說也許價格上漲可賣掉賺點利息，再將錢買美國公債比較安全，因當時美債很貴，結果竟被套牢，變成強迫存在這個公司債，也許要二十年後才能還本。

☆ 主角所學的教訓及財務規劃師的建議

一、政府公債比公司債安全，但多頭時，公司債也可低進高出獲利出場

　　政府公債的價格，特別是在金融動盪時會飆高難下，而公司債的價格則未必，有可能反而價格往下。主因政府債較安全，資金比較喜歡往安全處跑避險，所以當理專在強力說服您購買公司債時，千萬不要買高，因為撮合的公司債總有機會成交，多兩成成本購買有點貴，如果等到多個一成成本再進場還比較合理些。

所以呂老先生沒多久後看到公司債價格降為一百零一％，而他的持有成本是一百一十六％債卷面額。公司債的價值在多頭時會漲，而金融風險變高時又會下跌，因為資金會湧向公債，所以投資公司債最好在一百一十％面額以下才進場較合理。

二、呂老先生現在五十五歲，最好買十年期就還本的公司債比較適當

如果七十五歲才領到老本，很可能已經接近身故了，因為台灣男性的平均年齡是約七十六歲，他六十五歲時按平均年齡來看尚有約十年的時光可花錢。

三、公司債利息若用不到可做投資

公司債利息存銀行只能賺到很少的利息，不妨投資在黃金存摺或趨勢向上的基金，再次獲利。

第四篇

辛勤投資保將來

保險篇

故事一：海外急難救助卡是旅遊的守護神

　　張先生是我的老客戶，服務於公家機關。由於多年兢兢業業辛苦工作，就想帶全家到美國旅遊，我幫他們家辦旅遊平安險，同時順便提醒他們若有任何意外可以聯絡海外急難救助卡的電話求助，程序結束後幾天，他們就高高興興的出國了。

　　在美國租車玩的頗愉快，只是在第五天時輪到張太太開車，她突然失神撞到電線桿，因車速很快，整台車卡在電線桿動彈不得，張太太的胸腔也被車卡住，產生劇痛。張先生坐旁邊沒被卡住，勉強爬出車門向路人求救，美國的救護車倒是救援迅速，很快地將他們一家人送到醫院。

　　身為公務員的張先生在送院時稍微問一下住院醫療費約為多少，聽到護士講說兩三萬美金嚇一跳，趕緊越洋聯絡我說怎麼辦，我雖身為幫人省錢賺錢的財務規劃師，但也要優先顧人性命，便問張太太是否可以延後到台灣開刀治療，若真需即時當場救命，幾百萬也是要，後來張先生在確認醫生說可以延幾天後開刀，我與張先生分別在美國與台灣兩地火速聯絡海外急難救助服務中心請求協助，盡速送病患返台事宜，而一切費用由救助公司負擔。

　　而在美國及台灣醫院已發生的費用，由旅遊平安險及我幫她們家作的醫療保障全部支付，當理性的張先生由美國趕回台灣照顧太太時，我看到他倦容滿面，於是我告訴他們：你們可以安心養病，因為所有的費用甚至含工作請假時的薪資，保險公司都會給付（因醫療保障足夠），張先生一家人非常感恩保險的協助。

☆ 主角所學的教訓及財務規劃師的建議

一、多點準備少點擔心

其實出門在外，大多人只想到旅遊好玩的地方，很少想到若有個萬一怎麼辦，可能是不想掃興去想萬一的事情。

我認同旅遊要有享受去玩的期待，只是若能事先預防風險發生的損失，這樣可以更盡興的玩。有時我就接到客戶來自日本的電話，他說他突然肚子很痛且痛很久需要看醫生，又怕被敲竹槓，所以打電話給我要找個有口碑的診所就診，我與客戶同時連絡到海外急難救助中心在日本名古屋有合作的診所，客戶於是放心的就診。

也有一次朋友一家人去印尼旅遊（這位朋友不信任保險也不買保險），去自住旅行的第三天，他岳母突然全身變冷身體不適，判斷是之前的結石沒有處理。於是全家陪這位長輩在旅館好幾天也不能作什麼只能休息，如果這位友人可以聯絡海外急難中心介紹合適的醫院就診，至少可以減緩病況，讓旅途順暢些。諸如此類的意外事情也不算少。

二、有時候意外疾病發生率也許小，但結果卻不能承擔

出國買個旅遊平安險來保障國外可能發生的高額支出是有必要的。

有個鐵齒的朋友出國不習慣買旅遊平安險，因不認為自己會出事，結果他去美國旅遊幾天後，我就接到他的電話，他說他去滑雪跌倒時順勢用右手撐地板導致部份骨折，需要馬上住院開刀。這需要即時的動刀，結果他認為這只是小手術，豈知

回台後他看到帳單嚇一大跳，原來短短住院開刀一天竟然花他近三萬元美金，這位剛工作沒幾年的朋友，幾乎把他多年的辛苦儲蓄一次花光，同時還要借貸還醫療費。這個教訓未免太大了，這位客戶不幸在今年又因癌症病逝於林口長庚醫院。

倘若他出國前花個幾千塊買旅遊平安險，就能分擔掉巨大損失了。若可行，他也可以申請某些信用卡，一刷就有旅平險保障節省開銷，但要注意需有醫療費及意外的保障。

我自己雖沒有在旅遊中發生過意外，但我曾在旅歐時故意打電話給海外急難救助中心，真的很快就有回應與協助。還有一次同事的包包掉在計程車上，很快的請海外急難中心幫忙，竟然順利找回包包，所以我真的很建議出國時把你的海外急難救助卡帶出國，若遺失，可以打給保險公司，先抄下電話及卡號作急用。

三、保險海外急難救助的服務內容，這是只要投保保險公司便會有的附加服務。

其海外服務項目包含：電話醫療諮詢服務、醫療機構介紹、必要醫療器材及藥物運送、救護車安排、緊急醫療轉送、住院安排及費用代墊、出院後的療養、返國安排、親屬探訪的機票及住宿輔助、未滿二十歲隨行子女送回、協助同行配偶返國、遺族海外機票及住宿、遺體運回、當地安葬、行李遺失代尋等等。

各位記得嗎？我們的第一名模林志玲幾年前從馬上摔下來，就是由海外急難中心安排專機將志玲姐姐接回台灣就醫的。

故事二：明星就保證天色常藍花香常漫，不會有意外嗎？

　　若您是五六年級生，您可曾記得一首歌叫「假如我是一個月亮」，這首歌幾年前從街頭被唱到巷尾紅極一時，歌手就是二十出頭歲的李佩菁，您還記得李佩菁在當紅時發生車禍，曾經對媒體誓言：終有一天她會克服疾病再次站起來演唱歌曲，我們都希望她能重新站起來，我們一直期盼她能戰勝人生苦難重新振作，只是現實上，她不僅承受更多病痛沒能站起來，同時承擔數千萬的經濟重擔，曾經不得已向政府求救，也只拿到幾十萬的救濟金，這對她長期累積數千萬債務幫助有限，她零星表演所得的酬勞難以支付長年所需的醫療費用，所以長期向友人及銀行借款累積成數千萬的債務，友人也因被借貸的壓力漸行漸遠，李佩菁有著堅強的意志四處求醫，甚至出國就醫，至終也無法治癒。「堅強的月亮」一直都在承擔著病痛與經濟的壓力，這位年輕的明星如今已成為四五十歲的中年婦人，日子還是要過下去。

☆ 主角所學的教訓及財務規劃師的建議

一、人在經濟、體況強的時候，也要想弱的時候怎麼辦，因為花無常紅總有弱的時候。

　　即使是拳擊界無對手的拳王阿里，摔跤界常拿冠軍的豬木、馬場或警界的射擊冠軍警官出門仍有保鑣隨護陪伴，逞兇鬥狠的黑道老大住處都會選在警衛森嚴的大樓裏，這表示人再強還是有狀況差的時候，不可能一直處在巔峰，也會有弱的時候，所以要預防風險，同時也要適時智慧的將自己藏在保護傘

下休息，養精蓄銳培養再戰之力，這不是逃避而是智慧的儲能以備更好的戰鬥。

保險就是一種保護傘，當人不幸遇到意外疾病時，它能充分的分擔人的經濟風險，讓人能在保護傘下養精蓄銳，若沒保險的保護，一個人可能在遇到不幸後仍繼續受到經濟風險的襲擊喘不過氣，甚至讓人精神抑鬱沒有喘息休息再戰的能力與勇氣。連冠軍搏擊手都需要保護傘，一般人就更需要，現在有產險公司出的意外險便宜又大碗，一年幾千塊就有高保障可納入意外險保障中。

二、借錢傷友誼

談錢傷感情，想要維繫長久的友情與好的人際關係需要有好的保障才不會麻煩別人。

俗話說：久病床前無孝子，連至親生病孝子都無法長期忍受了，何況一般的親友怎可能這樣有耐心幫助生病或意外的人？

李佩菁紅極一時，只是好景不常發生車禍，她的友人幫她一陣子後慢慢離開她，這可以理解，因為人都是為自己。

我們週遭也常發生一些故事，就是父母長年臥病最後走了，雖讓家人悲傷一陣子卻也讓家人鬆了一口氣，所以要把自己家庭保障好，才能不麻煩別人，長期擁有好的人際關係。

三、人處在最佳狀態時往往不認為自己會經歷低潮或風險

我有些友人從不買保險因為身體健壯從沒住過院，我相信他如果一直都很健康，又沒遇到親近的親友生病，他永遠不會買保險。他會覺得若生病了，用儲蓄應付就好了，只是常保健

康的友人不保證不會有意外及疾病。

有些友人一旦發生事故時，通常沒有保障的庇護，同時可能不能再投保，有時這個意外或疾病把他全家的經濟拖垮，陷入萬劫不復的狀況，因為危險不知會在何時何地或以何方式降臨，我們不需要杞人憂天，卻可以預防處理掉可能傷害我們經濟的風險，如果一個月只花個幾千塊，就能買到一輩子的保障與平安，這是件很划算的事情。

筆記

故事三：疼愛子女卻沒疼愛自己，換得不安穩的未來

　　我從小認識一個阿伯，是個非常照顧家庭的長輩，他育有兩個孩子兩位都拿到碩士學位。

　　阿伯克勤克儉，教育有成，而這兩子也順利找到不錯的工作。阿伯因為年歲越來越大，聽太太的話將財產陸續的移轉到兩個兒子名下，認為兒子是自己的，不給他們要給誰，又過了幾年，阿伯的太太先過世，留下阿伯一個人，日子過的孤單身體也逐漸變差，而兩兒也成家各育有一子，阿伯染上了肺氣腫加上年事已高生活不能自己，很自然的就希望跟親生兒子同住有個照應。

　　剛開始幾週跟想兒子住的還順利，只是漸漸的與媳婦間有些生活上的小衝突，加上媳婦也怕被傳染，比如要多處理餐飲用具或處理共用浴廁所等問題，感到心力交瘁，於是與兄長商議用輪流照顧的方式，就是輪流住在大小兒子家各一個月。

　　然而大小兒子雖盡了孝道，卻心中帶有抱怨，覺得生活被影響有點麻煩。阿伯更感到被輪流扶養，那種沒尊嚴的悽涼感，心中百感交集。想說為何當初財產過戶的那麼乾脆，而自己沒有留點給自己，如今要完全看兒子媳婦們的臉色。

　　最後兩個兒子還是將父親送到收費便宜的老人院，開暇時才去探訪，這安排也不是阿伯所願卻又無可奈何！

☆ 主角所學的教訓及財務規劃師的建議

一、人沒錢不會有尊嚴，即使對別人有信任感，仍要把自己一生的財務規劃做好

　　久病床前怎會有孝子？我養兒子也不期望他能作到陪伴我到老死病死，因為每個人都有他的生活方式，我也沒權利要求他陪著我痛苦（如果我長年生病），所以即使有至親還是要靠已不靠人。我不是說至親不來照顧長輩，而是至少要把自己生老病死的錢都備好，這樣會有決定權選擇自己要的生活方式。

　　我幾年前拜訪過養老院，的確有許多長輩被送到這裡是心不甘情不願，卻又無可奈何。比如阿伯，當初若不要全部將財產都過戶給孩子，他就可以照自己意願在孩子居所樓上或旁邊買樓，並請個看護照護，這樣可解決孤單問題，也不影響孩子的生活。我岳父幾年前就在大兒子樓上買間房準備，未來若生病時可居住，雖然他現在仍很健康，但聰明的他已對未來做好準備。

二、如果三餐錢都要靠別人，生活不會有自由

　　阿伯算是小有資產的人，可惜分產太快，最後財富決定權變成兒子掌握，我覺得阿伯可以賣掉其中一戶房子，買個短年期的儲蓄年金險、外幣保單或直接放在美國公債，這些無風險的工具保證所提供的收益，應該夠阿伯一輩子的基本花費加上旅遊休閒的費用。

　　如果賣屋所得七百萬，領個年息五%，也有三十五萬且本金

還在。我不建議阿伯收租過活，因為可能沒那個精神與時間處理租屋事宜了，至少有個老本可靠就不用看人臉色了。

三、可以慢點過戶財產，比如七十五歲以後，這樣孩子也許會更孝順

我看過很多案例，就是一旦小孩拿到財產對父母就開始不孝不尊重，如果財產還沒過戶，小孩還比較聽話，一旦過戶，對父母就有不理會的。這是真的，晚點轉移資產，也能讓孩子學習獨立，靠自己也更珍惜賺錢不易的道理，未來若得到父母資產時會更加感恩，即使是至親還是有點現實的。

筆記

故事四：壽險保額可以作為被保人全殘時的保障，也可以作為家人將來的保障

　　十幾年前，我留美回國，在台大對面一間外語中心教英文，傍晚時在上課前我拿起報紙一看就看到，頭條寫著『名歌手張雨生車禍身亡』，這位年輕的名歌手在北市登輝大道車禍後被送到馬偕醫院，當時已呈現深度昏迷，經過數十天的奮鬥還是無法挽回生命，張雨生在政大外交系就讀時參加音樂大賽被發掘，之後為張惠妹及伊能靜等名人製作專輯，都創下極佳的銷售量，當人生到達高峰時，在午夜一場與朋友的歡聚飲酒後不慎撞上安全島，生命在數十天後劃下句點。

　　留下了年老的父母，日子仍然要過，家中的經濟支柱卻走了，張雨生走紅的那首歌『我的未來不是夢』我現在還會唱。只是當沒做好保險規劃時沒能留給雙親好的經濟照顧，我的未來好像仍然是夢。

☆ 主角所學的教訓及財務規劃師的建議

一、年富力強不一定能持續到永遠，如果能有備胎對家庭才是永遠的保障

　　許多人在收入高身體好時，特別有自信，不認為自己會有意外或疾病，對保險規劃不屑一顧。只是俗語說：要在晴天時就為雨天時備糧，張雨生在收入最高峰時生命結束，卻沒有留下太多糧食給家人實屬遺憾，如果他能在他年輕力壯時把自己保險規劃好，車禍喪生後家人也可領到一筆為數不小的保額，這樣也才不愧對家人對他一生的培養與教育，這個保額就能取代他的收入成為家人的長期經濟支柱。

二、死亡及全殘是人生最難承受的苦難，所以要事先預防它們帶來的經濟風險

全殘指的是被保人失去眼手腳任意兩部分或中樞神經受損需別人餵食穿衣等情況，全殘的人通常很難繼續工作，所以他對家人帶來的照護成本很高，且由於不能自由運動，所以容易生病。全殘所帶給家庭的傷害甚至可能超過死亡，因為需要看護及醫療費用，規劃保單最好尋找有附加全殘扶助金的保單，可以每年補助生活費。

死亡代表的是被保人的收入將永遠中斷，不能照顧家庭。

論到保險規劃，為死亡及全殘規劃和醫療險都很重要。比如一位先生支持全家的經濟，若他的年收入是六十萬，對他的保額設計至少需作六百萬，意思是說這個家庭至少在經濟支柱過世後，有十年時間可恢復正常運作，可能是太太在十年內平復配偶死亡的傷痛，找到工作，或小孩十年內長大獨立了。

這個保險設計是典型的十十定律，就是用十分之一的年薪來購買十倍年薪的保額，如果我來規劃，我可能不會讓喪偶婦人把六百萬在十年花光，之後喝西北風，甚至小孩只有十一歲還很小仍需照顧。我會建議這位喪偶婦人，分三批進場中華電信每批兩百萬總合現金殖利率為七％就好，這樣六百萬的七％，每年她就可領到約四十二萬現金股利，加上退稅會領的更多，她只要領利息保留本金就可以過還不錯的日子，也不需要進出，因為進出可能麻煩，也可能虧損，所以乾脆領息就好，這加退稅（因全家沒工作）後約五十萬的年利息，已很接近已故配偶的年薪六十萬了，且本金六百萬還在，除非電信業有很大

的變動再來換股操作，否則就放著領息也不錯。

三、投資型保單及高保額定期壽險：可以用低成本擁有高保障保額

終身壽險以前是有節遺產稅的優勢，但現在遺產稅由五十降為十％，所以現在要節稅較不需用昂貴的終身壽險，以上的險種就可做到不錯的保障。

我遇過幾位朋友，他們說他們不需要買壽險，因為所存的錢已夠妻兒使用很久了，我很羨慕這些朋友的成就，只是如果只需花五萬塊解決的事情，為何要用到五百萬呢，且年省五萬塊也不會多存多少錢。

故事五：剛退休的陳老師，因一次意外賠掉了一生努力所得的退休金

陳老師擔任國中老師，春風化雨三十年終於能退休了，這三十年來陳老師教出無數的優秀學生，在社會上表現優異。在將要領到退休金五百萬之前，有天在回家途中，天候不佳視線不良，他帶著滿足的心情開車回家，半途中撞到一個東西，因為看不到，他以為是一隻狗或貓之類的動物，結果下車竟發現是一個人，他嚇呆了，連忙打給警察來處理現場，受傷者被送到醫院傷重不治，陳老師心裏感到十分悲痛，因為一條生命就這樣消失，隨著而來的是法院的訴訟判決，法院判他過失殺人，不判刑因為雙方都有錯，但需要賠償死者家屬一千萬，陳老師又是一陣的錯愕，因這是一大筆錢，不過遇到了還是要面對，陳老師畢生努力所得的五百萬退休金就這樣賠償給死者家屬了。

☆ 主角所學的教訓及財務規劃師的建議

一、買第三責任險

意外就是意料之外，不管是貴族或平民都有可能遇到，所以要預防之。為防止意外撞死人這類的突發事件，最好買個產險裏的一千萬，就是任意險。

不只陳老師，我想很多人都會想，我開車很小心，不可能會撞到人的，我也希望大家平安。只是出車禍的人，沒有一個認為自己會出車禍，沒有人能保證自己不出事，有時你很小心駕駛，卻遇到酒駕的來撞你，或遇到連環車禍是由別人引起的車禍，而跟產險公司買一千萬的任意險年保費幾千塊就好，尤

其是經常出外的人更要保這種險,比較怕把人撞成殘障,可能又要賠他幾十年的工作薪水補償。所以馬路如虎口,最好開車時養成專心安全開車的好習慣,特別在天雨路滑視況不佳時更應放慢車速小心開車。

我有一個親戚在大陸工作,有一天因為要趕飛機回台灣,在公路上飆速,未料一位仁兄跨越安全島,正好被我親戚迎頭撞上,當場死亡。我在台灣本來要好好跟他聚聚,卻聽到這樣惡耗唏噓不已。這親戚之後花了好幾年在大陸跟死者家屬對簿公堂,試圖降低賠償金,最後好像以兩百萬台幣和解,幾年的官司也讓親戚家人受了不小的壓力,所以任意險在國內外都有其必要。

二、開車不喝酒、不打手機,要放鬆而專注的開

人一旦離開了房子到外面就有風險,所以舉凡走路或開車,在馬路上要很小心的注意安全,比如走路盡量走逆向、走邊邊,開車不要開太快,穩穩的開到目的地就好。

故事六：一次機車意外賠掉一個月的薪水

　　曉娟在電子公司擔任業務助理，工作勤奮，被加薪到月薪兩萬八，有一次在騎機車趕往社區大學，途中不慎由後方追撞到前行的賓士車，自己也同時從車上摔下受傷，身體已經很痛了，還碰到賓士車主下來對她大小聲，路人熱心的扶曉娟到路邊並請警方協助，還好路人熱心去協調憤怒的賓士車主，讓受傷的曉娟至少可在路邊喘一下。幸好只有擦傷，警方到場先讓曉娟急診治療，隨後雙方到警局作筆錄，警方居間協調請憤怒的車主不要生氣，試圖作和事佬，於是請車廠評估賓士後面被撞損的部位需要三萬元的修補費，曉娟聽到修理費比一個月的薪水還多，只能大嘆倒楣，卻需賠償了事，原本存款就不多的她心真是痛，想說平時省吃簡用的連保險都捨不得買，這次卻意外花到大錢，心理上有被嚇到，想說出門在外風險還是在，希望能讓保險來預防這樣的經濟風險。

☆ 主角所學的教訓及財務規劃師的建議

一、二十年沒發生過車禍，不代表以後不會發生

　　出門在外什麼事都有可能發生，最好不要存僥倖的心理。多一分準備就少一份擔心。

　　你也許騎機車騎了二十年，從沒發生任何意外就以為以後不可能發生，這是自我安慰之說。

　　曉娟的情況還算幸運，至少身體沒受到大傷害，錢還是可以賺回來。有一次我騎機車經過北市松江路，眼睜睜的看到我前面那位騎士，被一輛闖紅燈的違規車硬生生的撞到，倒臥在地時我連忙去攙扶他起來，竟發現扶不起來，因為我看到他的

小腿骨有一截是懸吊著，表示脛骨已經完全斷裂只是皮肉粘著而已，只見傷者不斷哀嚎，我於是請另位路人抬他的身體，我則用雙手抱他的大腿，同時很小心的用右手握著他已被撞斷的小腿骨，等候救援。

我建議單身勤儉的曉娟，至少為個人買個基本的意外及醫療險，一個月兩千元有找，同時購買機車駕駛人傷害險及第三人責任險，來保障自己與他人，一年保費幾千元不算多。

二、把自己保障好，用保障投資兼具的投資型保單

曉娟月薪不高，所以需要精打細算，可以考慮兼顧保障和資產累積的投資型保單，因為這張單繳費彈性可隨時停繳、少繳、領錢或多投資累積資產，又兼顧保障。可以年繳約三萬多元的保險，約為年薪的十分之一應可負擔。

如果有經濟上的考量，最好先擁有壽險公司最基本的醫療與意外保障，比如年繳一萬多，剩餘有一兩萬的預算若不能買年繳最低保費兩萬四的投資型保單，可考慮購買便宜的儲蓄險儲蓄，因為先有基本長遠的保障，再來做儲蓄投資，才能確保經濟將來不受風險襲擊，儲蓄投資才能穩紮穩打，所以最好先買壽險公司保證每年續保的意外與醫療險，確保長期有保障。

故事七：保險保護人的健康、家庭及婚姻

　　阿祥是我明基電通的客戶家住中壢，與女友新婚暫住在女有家在台北的小房子，我去拜訪過，就是一個空間同時擺床、客廳、廁所，隱私性不高。

　　阿祥在台北的工作是國際業務，經常要出差國內外跑業務，非常辛苦。當回到台北家中，總感覺空間狹小，有壓迫感，越住越覺委屈。於是與老婆商量，希望買間寬敞的房子善待自己。

　　阿祥月薪約八萬，老婆約五萬，兩個人的薪水不錯，應可以買個寬敞的房子，於是隨即就去北縣新店市訂了間八百萬的房子，頭款兩百五十萬，五百五十萬貸款二十年，相較於之前的『鳥籠』套房，阿祥很欣慰的享受這新居。

　　阿祥是我老客戶，很自然的找我重新規劃保單，於是我按著他結婚、購屋與工作所生的責任，重新調整他的壽險、意外與醫療險，保費是多些但可以應付各樣的風險。

　　當我誠摯的祝福這對新婚夫妻一切都過的很順，也規劃的很好時，有一天我驚訝的接到一通電話，阿祥氣息微弱的打電話給我，說他剛住進臺大醫院病名是癌症，這是我幾百位客戶中第一位得到癌症的，頓時心中有點難過，只是立刻又鼓起精神面對，因為我是他的財務顧問，我扮演扶持者的角色，要更堅強。

　　下午一點在中壢接到電話後，馬上到書局買本『我如何戰勝癌症』的書希望能送去激勵他，傍晚我就開車到臺大醫院去看他，我馬上跟他說：你安心養病，錢的事情不是問題，交給我來處理就好(因我知道我所做的規劃很好，能經的起考驗)，閒聊十幾分後，將書送給他並安慰他同時幫他禱告，幾年後我發現他因我傳的福音而信主了。

他的癌症療程持續數十次，我光跑他家裏拿收據診斷書就跑了幾十次共理賠至少兩百多萬，剛開始作療程時，阿祥要求我將保險受益人改為他的太太，因太太照顧他很辛苦。

　　阿祥才三十一歲就遇到人生不可承受之輕─癌症，他的家人心中難過，因為看到我每次幫他辦的理賠都是幾十萬塊，幾乎都超過醫療所需，所以家人無經濟壓力，而且看到阿祥能用最好的醫療資源治療，病況越來越好，他的病友因沒做好規劃為省錢搬回家住，如今已過世了，同樣是同期病友，結果卻有天壤之別。

　　阿祥幾年後恢復健康，現在還是在跑業務四處趴趴走，幾年前我拜訪一個教會還遇到他，他的婚姻也依舊甜蜜，我感受到保險的愛，保護了他的身體、健康與家庭。

☆ 主角所學的教訓及財務規劃師的建議

一、完整的壽險及醫療險保障

　　阿祥在國內外跑業務，所以在意外險的部分我幫他設計了約一千萬的保額，五百萬作壽險公司的、五百萬作產險公司的便宜但不保證每年續保的意外險，額度還可以。

　　而他有五百五十萬的房貸，我幫他做了遞減型的房貸壽險，就是費率便宜保額逐年遞減的定期壽險。

　　他月繳約三萬多的房貸，所以我將他的醫療日賠額度拉到每日五千元，這樣若生病時房貸可支付，而家庭開銷也可應付。

　　我按照實用性幫阿祥做了如下的規劃：分別為一實支實付的醫療，二日額給付的醫療險，三日額終身醫療險，若能買終

身醫療還本醫療我會把他放在第四順位因理賠的較少，癌症險規劃四單位，壽險額度做了約十年，致於他的太太，我也用同樣的保險規劃，只是額度約為阿祥的六成按照收入比例來做，阿祥發生的是癌症疾病風險，我所規劃的癌險充分的發揮作用，保障了他全家。

二、房貸壽險保障房貸

若阿祥不幸去世，我幫他規劃的五百五十萬遞減型定期壽險，馬上可以付銀行房貸餘額給家人一個穩暖的窩。

三、意外及健康險保障意外及疾病風險

若阿祥遇到的是意外或疾病導致殘障或身故，若是意外失去一支手可理賠約五百萬，可付掉房貸的大部分，同時衍生的醫療支出可由醫療險給付，日賠五千。

如果病房費兩千五，那麼剩餘的兩千五可以支付房貸與家庭開支應足夠。甚至騎車跌倒或被菜刀切到都有意外傷害可做理賠。

沒人知道我們會遇到怎樣的風險，所以建立一個在預算內週到的防護網，可充分保護家庭經濟，有些朋友可能偏重保儲蓄險，醫療療就買的很少或意外也買的很少，我相信他們認為也許對他們來說，意外發生的機率較高，有些人認為疾病的機率較高，這無可厚非，要各險種（壽險、意外及醫療險）都有的保險，肯定比不均衡的保險好，因人算不如天算。

故事八：老公被性感的大陸妹搶走了

　　金小姐是我老客戶，年約四十三歲，育有一女，之前有段甜蜜的婚姻，先生隻身在大陸工作，金小姐常攜女探望，常一待就是幾個月。這樣日子過幾年後，有一天金小姐用女性直覺，感受到丈夫有點怪怪的，於是趁一次去大陸探訪先生時，一大早跟蹤先生探查，結果在一個公寓下發現先生跟一位前凸後翹，穿著性感的大陸年輕女子打的火熱，氣憤的上前理論沒有結果，先生雖沒被捉姦在床，卻認為東窗事發應早些處理三角關係，這位奮鬥有成年薪四百萬的CEO，正式向金小姐提離婚，小孩歸先生，金小姐認為事態嚴重難以挽回，就在八年前答應離婚了。

　　金小姐起先從事金融業，但為照顧孩子及先生，之前一直每月先生都撥五萬給她作家用，所以她很早就辭掉工作，而離婚後先生停止撥款，這八年來她憑的是以前在金融業所學的操盤技巧賺錢，賺的不多。但先生將房子送給她，至少她有個窩可住，嘗試作幾個工作，做幾週都不適應，最後也回到沒工作的狀況。

　　我們其實一直都很擔心她太孤單又沒工作收入，最近新交一個男朋友是某國立大學的教授，交往一段時間後似乎發現對方心有所屬，自己小孩又不回來陪她，讓她在過年節時以淚洗面，於是重新參加單身俱樂部尋覓合適對象，只是她說那裡的人很多，大多都年紀很大，個性怪怪的，甚至初次見面就想摸她，所以擇偶不易。

　　她現在必須要面對的是有可能單身一輩子，過年這段時間她衝動的買了新房，因想離開那充滿痛苦回憶的舊屋，家人請她退掉了，原因是她沒工作收入，老公被年輕美艷的大陸妹搶走，然而她還是要過日子，她只希望退休每月有兩三萬可花，同時有些健康保障就好。

☆ 主角所學的教訓及財務規劃師的建議

一、即使是家庭主婦，也要好好規劃自己的醫療險

金小姐是我老客戶兼社團老友，前陣子我才知道她這段故事，當我聆聽她多年的痛苦時，我的心感受到那種沉重與痛苦，這感覺遲遲沒有散去。

我認為這是生命中不易承受之輕，身為社團老友的我沒能幫她分擔失婚的痛苦，卻可以幫她健康的面對未來，她現在已四十三歲，距離第一次的保險規劃已有十年了，所以我加強她的醫療含長期看護及終身醫療與意外險，因為隻身一人最怕疾病或意外，且年紀越大保費越貴，也可能因體況差不能買，人可省點過但怕的是風險發生，一旦保障不夠想靠先生，先生卻外遇了；想靠父母，父母也老了；想靠姊妹，連姊妹也一樣離婚沒得靠，只能靠自己，所以金小姐要趁還可加保時，先轉移掉未來醫療及意外的風險，至少立於不敗，意外險的規劃可用產險公司的作因較便宜。

二、保低風險的變額年金險

金小姐已四十三歲，再過不到十年就五十歲了，可考慮用保本型工具如變額、利變年金或外幣保單規劃退休，不過最好找個穩定工作來獲取收入，搞不好順便找個好男人來嫁。

她沒正式工作，卻每個月靠操盤還是有些進帳，當初她將兒子歸先生養就是考量經濟能力有限，操盤所賺的錢畢竟不穩定，所以我幫她規劃低風險的變額年金險，她一個月存個一兩

萬，只要年報酬有四五%，二十年後每月要領個兩萬多應不成問題，而變額年金（也許存單筆不定期，或定期定額個十五年後保證領二十年，而後若生存擇續領年金）的標地，建議可放一半在穩健的債卷基金，另一半則放在穩健的全球股票型基金，或者不想麻煩，選標地也可選擇利變型年金就是保證保本而標的由保險公司選擇。

三、不要試探人性

　　大陸二奶受過統戰薰陶，妻女最好跟過去一起住，不然可否請先生留在台灣工作，不得已則每天查勤關心，給予愛的關懷。

　　聆聽社團老友這樣的過去，我的心也跟著沉了許久，她也提過先生在大陸工作時，她的確沒有經常的關心他的生活與工作狀況，幫他分擔解憂，以致於外遇發生。

　　我從男性觀點來看，讓先生隻身在大陸工作，就有試探風險，因男性的動物性強，是不堪性試探的。我聽說十個男人到大陸隻身工作，除非忙翻天，否則有九個人會有二奶。聖經也明說夫妻若非禱告的緣故，盡量不要分房，以免雙方都被試探，講白點就是夫妻要有正常的房事，因吃飽了就不易在外面亂吃，分房容易出事因為肚子餓不滿足，就想找東西吃。

　　我自己曾隻身到香港出差，晚上無聊一個人出來晃晃，就看到很多情色廣告或店面等非常誘人，我從沒進去過，也不敢進去，只是我的心在那樣環境似乎已起了漣漪，誰知道漣漪會不會擴大變成行動。所以如聖經所說的：男人遇到性試探唯一

能做的只有「逃命」，因為從來沒有男人在試探環境中會不淪陷的，所以我逃跑保命了。

最好是一起去住大陸，或者乾脆全家留在台灣工作最安全。我覺得不要試探人性比較好，因為最近我教會有一位很乖的姊妹，又是台大畢業的，老公去大陸外遇後連孩子都不要了，每次看到這個姊妹帶兩個孩子來聚會，我心中浮現出一種憐惜的情緒，她沒什麼錯，但為何要承擔失婚的痛苦、經濟壓力與孤單。

筆記

故事九：領美元保單的利息比收房租更單純省事

　　曾先生是我在新竹的老客戶，目前經營一家建築師事務所，基於對小孩的教育，他把小孩都送到美國去受教育，就是俗稱的小留學生，而太太也順便過去照顧小孩，留他一個人在新竹賺錢供錢給妻小使用。

　　他的收入頗高，只是投資股票與基金虧過，從此就比較偏好投資無風險的工具，目前手上買的盡都是醫療和儲蓄險，他認為至少保本較放心，由於他常出國較有國際觀，在我這邊也買些澳幣連動債等商品。

　　由於是建築師，所以不免俗的會投資房產位於美國和新竹收取租金，只是收租時難免遇到空屋或房客不繳租的狀況，令忙碌的曾先生感到有些困擾，因他經常會飛到美國去與妻兒會面，新竹的房子是有在增值，只是處理房租讓他覺有點麻煩，然而握有兩三千萬台幣的他，有時也會困擾找不到保證安全的工具可投資。

☆ 主角所學的教訓及財務規劃師的建議

一、短年期的美金保單是保守族的好選擇之一

　　曾先生妻兒住美國，所以有美金的需求，如果在美金對台幣匯率為二八、二九時，進場買美金是十三年來美金的最低檔，是很好的進場點。

　　二十年來的平均匯率為約三二點五，所以匯差約可賺十%，美金保單有兩年期及六年期，很適合曾先生現在五十一歲的年齡，如果一年存個一百五十萬台幣(需結匯為美金)，存兩年期

的美金保單，則第二年末就可每年領到約十萬台幣，等值約三千多美金的年金領一輩子（建議以孩子為被保人可領的更長久），這長期的年金可先做孩子的教育費，再作曾先生的退休金。也可以將三百萬台幣平均存入六年期的美金單，可領每年十二萬約四千多美金，年報酬率約為四％，比目前預定利率的台幣保單還要划算。

以上符合曾先生的安全無風險要求，利率是定存的四倍，若曾先生覺麻煩，可乾脆把兩千萬台幣分批趁匯率往下結匯成美金，分六年存就可拿到年金約八十萬台幣，約二點七五萬美金領一輩子。這利息錢是保證的數量，又不用像收租一樣腦筋，時間到錢就自動進來給他使用，且本金在六年後隨時可領回作投資或其他用途。

二、美金保單現在在台灣保險業可說是利率最高的保本商品，無人能出其右

不管是變額、利變年金或投資型保單，都不保證收益與報酬，所以對保守族來說美金保單幾乎是最佳的選擇，尤其在好美金匯率很低時是很好的進場點，有人會有美金長貶的疑慮，許多有名的投資公司預測美金在民國幾年內會跌到二十八左右，但不至於會再往下。我覺有可能，只是美金畢竟長期是避險、國際通用及大多國家的外匯存底貨幣，美國的政經再怎麼差也贏過大多國家，所以美金走貶我認為不會太長久，頂多幾年內會回到三十一二以上的匯率，所以不論兩年或六年後領回美金匯率應不致太差，頂多放著等匯率好時再結匯成台幣就

好,所以我自己就大量分批承接美金,幾年後美金匯率回復正常的機率很高。但我不諱言的說投資等級的公司債及美國政府債的殖利率約為每年四點多%,會比美金保單每年兩三%高,且現在投資等級的公司要倒機率不高,所以若可行,可考慮一次繳的債券,我個人就買了匯豐銀行公司債(在台灣)及美國政府債(在香港)就放著領息很單純,只是存一筆需要五萬美金以上,因此存外幣保單零存整付也不錯。

三、預定利率二點二五%的台灣增額壽險也是選擇之一

有些人用不到美金,又懷疑匯率風險,那就可以放在增額壽險享受現金價值不斷增值的利益,幾年後帳戶價值金一樣會翻兩倍三倍且取用方便,取出部份資金後餘額仍繼續增值,雖說利息不很高但至少比定存好。

故事十：歷經股市風險的營業員喜歡保守無風險的儲蓄險

　　鄭小姐是我以前的營業員，她在號子裏待了十幾年經驗堪稱豐富，由於經歷過多次的股市大跌，正當股市熱時，許多朋友拿房地產去抵押借錢投資，結果大跌後房與地都沒了，她目睹這些親友投資的慘狀，所以雖在號子裏工作卻理財保守，因為股市裏有時候可能也會一失足成千古恨，所以鄭小姐很多的資產都存在保險裡面，也因為她在年輕時存過短年期的儲蓄險，期滿突然領到錢，感覺好像突然天掉一筆錢下來，然後拿去旅遊或買電腦等，感受很好，這種紮實的感受比有些親友破產的經驗好多了，所以鄭小姐舉凡作父母孝養金或小孩教育金的規劃都相當倚重儲蓄險。

　　前陣子許多保險公司推一種短年期的增額儲蓄險可勝通膨，鄭小姐不猶豫的馬上加碼一張，它雖報酬率不很高卻能長期增值，隨時部分或整筆領很方便，且餘額可繼續增值。

　　鄭小姐本業就是營業員，只是自作股票有不小的風險，她感到壓力很大，最後還是覺得買儲蓄險比較安全又不用花時間。

☆ 主角所學的教訓及財務規劃師的建議

一、當局者迷，所以買儲蓄險反而安全增值又不傷腦筋

　　我待過日盛證券，所以知道營業員在每天進出之間，容易見樹不見林，股票高手大多能冷靜的用第三隻眼進出股票，且需要耐心，若待在號子裏可能會隨著號子裏股民的心情起伏，較難判斷合適的進出點，所以我觀察到的營業員，鮮少有做股票長期賺錢成功的案例，鄭小姐這樣的避險方式： 乾脆買儲蓄

險領固定的錢反而是解套方式。

二、投資需要紀律

雖說當局者迷，卻不能否定績優股的安全性及好報酬率，少數營業員仍長期操盤賺錢，許多股市高手會跟市場或號子保持距離，以維持清明的思考作最佳的進出；但在號子裏，仍然可以設定進出場價格作機械式的操作，只是需要更大的紀律抵抗外界的誘惑，這些誘惑可能是研究員的報告、股民的喧囂聲、客戶的進出場等，在吵雜中乾脆貼張計畫好的進出點操作表，在桌上提醒自己紀律操作，如果股票獲利了結後，可將獲利買張儲蓄險保值。

三、選擇預定利率高且穩健的公司產品

所謂預定利率越高，代表報酬率越高，通常預定利率的七成是報酬率，因約三成需作為保險公司的行政費用，我相信台灣的保險公司應不會倒，但為了長期能穩定領錢，選個財務穩定的公司，能省掉公司可能倒的麻煩，至少不需要聽到公司一些風風雨雨的聲音感覺比較放心。

然而作儲蓄險，可投保短年期的方案，做為近期的教育金、父母孝養金等用途，也可加保長年期如二十年期方案，準備人生後段的退休金，如果存入金額夠大，可存入短年期的儲蓄險或外幣保單，在兩年或六年後就開始領年金做為近期的用途，之後再作退休金的用途。

一般的年輕上班族，由於經費有限，建議可以同時作短及長年期儲蓄險，用時間來作複利累積，預算也不用一下子就存多，因會有壓力，就把存錢當作生活中繳水電費一樣，結果是積少成多、修成正果。

故事十一：將屆退休的朋友要加強終身醫療險及年金險

　　呂先生是我中華電信的老客戶，年約五十三歲，由於晚婚，所以是晚年得女，現在女兒在念國一，所以兩年後退休時，女兒才正要考高中，女兒高中到研究所的教育費仍要準備，呂先生在中華電信工作了二十幾年，所以也累積不少財富，他對投資還算熟悉，買了許多境外保本基金（國內非法，需要跟國外直接買）買了十幾二十萬美金，現在已陸續獲利了結領回，他雖然善於投資，只是我跟他溝通風險控管要隨年齡增長而加強控管，這個他頗認同，所以我幫他加強終身醫療險及另外設計一個月存三萬的利變型年金(保險公司每年公佈宣告利率，也由它來操作獲利)給他，終身醫療險日賠兩千五百元，我設計成本較低，且在呂先生身後可作為他的喪葬費，或留給他的唯一的寶貝女兒，而利變型年金可讓呂先生在十年後每月領到約一萬六千元(若宣告利率約為四％的前提)，這樣加上他的勞保月退俸兩萬三共約可領到三萬九，在林口生活應算夠用了，而五十五歲到六十三歲間有八年的空窗期，呂先生的存款足以應付其間的開支，在林口的二十年房貸也差不多繳完了，所以可空出每月三萬的預算。

☆ 主角所學的教訓及財務規劃師的建議

一、中年時做了年金及終身醫療險，在老年後可享受年金及終身醫療險的保障

　　若可行，呂先生可以在四十五歲時就加強上述方案，這樣可以在五十五歲退休時馬上享用到年金，不用動用到本金，但現實上四十多歲的中年時期，往往是上有父母下有孩子要養，

以及房貸要繳的三明治時期，雖是壓力期，卻也可以做小量金額的規劃，因為可以利用到十年的複利與時間，這樣以後加保也會更輕鬆，尤其是終身醫療險，許多人想加保卻因體況變差而不能加了，所以我建議若可行，健康險最好在三四十歲年輕時就一次作足以免以後買不到或買貴了，另外長期看護險也可順便買，以預防昂貴的看護代價。

二、可用短年期的外幣保單或儲蓄險來作安全的退休金補強

呂先生將屆退休，所以規劃一定要保守、安全不能有風險，你說高息股很好可穩定領息是可以做部分規劃，但它並沒保證一定每年配息，所以退休者還是要以確定領到錢的方案為優先考量，如果能領到保證的月退俸，那為何要煩惱操作風險的問題，因為退休後沒收入，所以不容許規劃中帶有風險！

三、青、中、老年的保險規劃有所不同

青年期重壽險及醫療險的基本保障，投資可承受風險因尚年輕還會有收入，中年期需加強醫療及儲蓄規劃，因為老之將至，同時收入相對豐厚需要準備老年了，老年期原則上已卸下照顧父母子女重擔，要著重儲蓄退休了。

故事十二：全家依靠的獨子一倒，全家也跟著倒

　　金先生是她們家的獨子，在幼年時父親因意外而身故，從小就靠母親幫人打掃清潔所賺的微薄薪水養大，母親隨著時光流逝年紀越來越大，漸漸有點做不來粗重的打掃工作，所以鼓勵金先生儘早能就業，因為她母親沒有能力供他念大學。金先生很懂事，高中畢業便申請提早入伍，為了能早點工作，很順利的他役畢時就去找了份電信業架設網路天線的工作，這工作有危險性但金先生沒有工作經驗及好的大學學歷，也只好接受這個工作，至少有錢賺能舒緩家裏的經濟壓力。

　　金先生很努力學習架設天線，老闆很賞識這個年輕人，數月後也幫他加薪，金先生陸續將薪水拿回家時，她母親感到很欣慰，覺這個兒子沒有白養，年輕懂事的金先生感念母親的養育之恩，就告訴母親說不用這麼辛苦去打掃賺錢，家裏的開銷由我全額負擔，母親感動的掉下眼淚也接受這個提議。

　　一切都是那麼順利，金先生也學習的很快在架設天線上，有一天風大雨大正好電信公司在趕工，某個案子勉強請金先生施工，原本以為應該沒有問題，怎料風勢過大，金先生的同事要他下來停止施工以保安全，只是風勢瞬間將金先生整個人吹落到地板，同事連忙送他到醫院急救，並通知他母親來院關切，急救了兩天結果仍回天乏術。。

☆ 主角所學的教訓及財務規劃師的建議

一、保險給家人保障

承擔家庭經濟責任的獨子，越是要把自己保障好以意外及壽險才可以在萬一時留給家人生活費。如果您常看電視新聞，不難發現許多屋露偏逢連夜雨的慘況，保費不能省因為它是全家隨時的保障，像金先生的母親約五十歲，按照平均餘命七十八歲減五十歲，約有二十八年時間，若年花費是二十萬則需準備約五百六十萬給母親。

意外險最好設計額度為五百六十萬以上，特別是金先生算是意外險四級的被保人，可以用產險的意外險比較便宜，然而壽險可做個五百六十萬，因為若非因意外而死亡或全殘，壽險可以賠償五百六十萬，可以用定期壽險或房貸型的定期壽險較便宜，另外醫療險及癌症險也不可少，癌症可設計至少四個單位，而醫療日賠可以設計約四千元以上可保障病房費、生病時的薪資虧損及母親的生活費。

二、安全仍是第一

風大雨大風險高時可以委婉的拒絕老闆的要求，建議等風險較小時再工作，因命是自己的。

我自己跑了十幾年的業務工作，經歷過許多嚴酷的天候、惡劣的環境或身心狀況很差的情況，我是個很有工作責任感使命必達的人，經常會逞強，得到一個結論：風險高時不要逞強，宜避開等到風險低時再回來工作，對我這樣會逞強的人是

難學的功課，有許多次我還是逞強工作，在身心不適或風大雨大的惡劣環境下，最後我會強迫自己在狀況差環境風險高時不出門，因為留的青山在不怕沒柴燒。

三、許多人排斥保險，殊不知它是被保人的麵包、奶粉與生活費。

許多人只買儲蓄險是因錢領的回來，只是再出事時對家庭的幫助有限，沒人希望出事，只是壽險與意外險的保額仍需要能夠保障整個家庭的未來經濟生活。

也有許多人經濟一緊就先砍保費，寧可付無線網路費也不願付攸關一家人未來經濟的保費，這是很危險的舉動也是投機的心理，因為意外或疾病何時與何種方式會發生，真的很難預料，所以先有保障後，才能讓自己在未知的未來，活得安心自在，通常有準備的人反而比較不害怕風險的發生，生活過的比較沒有憂懼。

筆記

第五篇

築夢踏實金錢堡

房地產篇

故事一：賣不掉卻能租掉房子，習慣處理出租瑣事收入也不錯

　　張先生是我的客戶，熱衷房地產，常跟我說他只要有存足夠的房子收租金就可以不靠工作仍能過很好的生活，於是他開始看房子，用他辛苦賺的收入，沒有貸款不斷買房。

　　他第一間買在中原大學旁邊，臨鐵軌的小套房，總成本七十萬元，隔幾天又到元智大學旁買間頗安靜的小套房，總成本也是七十萬元，以上兩間，後面買的安靜小套房很快就租掉，月租五千，五年報酬率為九%(需約十一年回本)。而臨鐵軌那間，因吵雜所以花了幾個月時間才租掉，月租五千，年報酬約六%(扣掉兩個月空房期及一個月的仲介費)需約十六年回本。

　　隨後張先生買下桃園縣平鎮的五樓頂樓公寓，購買成本含家具為一百三十五萬，這二十九坪房子價低，是因公寓頂樓且鄰鐵軌條件沒很好，過了幾個月將此屋出租，得月租七千元，年報酬率扣除房地約為六%，這報酬率似乎不錯。

　　張先生嚐到甜頭，因聽到我的建議：如果花個四十萬改裝成四間分租套房報酬率更好，我也試算過給他，若一間租四千五就好，四間可收月租一萬六，減第四台及網路成本約淨利一萬五，年報酬約為十八萬除以總成本一百七十五萬(含油漆及中古電視和冷氣)約為十點三%，約十年可回本，張先生聽進去，竟真的隔四間出租，結果也真的收到十%以上報酬率。

　　由於一直嚐到甜頭，張先生又如法炮製買了隔壁巷子的頂樓五樓隔四間，共花了一百六十五萬元成本，這兩層樓都是十幾年屋齡的中古屋，這間房離鐵軌有段距離所以條件好些，價格低些。張先生又把四間分租套房全部租掉，收平均月租一萬七扣第四台、網路及房地 成本，淨利約一萬五，年報酬為

十八萬,除以總成本一百六十五萬約為十一%,約十年可回本。

後來張先生想買間山上的房子自己居住,花了約一百七十五萬,後來沒住就租人,月租七千元,年報酬約為五%,差強人意。但總比北市的三、四%報酬率強,在前面兩三年,張先生似乎買屋租屋全都很順利,只是幾年後遇到了金融海嘯災難開始了,張先生的房客紛紛退租,說是因公司解雇裁員要回家吃老本,接著張先生的房子在半年內陸續變成空屋,這狀態持續幾乎快一年半到兩年的時間,原本很滿意買屋租賃的張先生,在租賃順利時還想要再買房子來收租,當遇到近兩年的空房期時心灰意冷,想把房子賣掉也沒人買,還好熬了快兩年,張先生的十幾間套房又恢復八成的租屋率,月租恢復三萬,八年報酬為三萬八乘十二個月除以總成本(175+165+70+70+175=655萬元),等於約七%,約需十五年回本,看起來張先生的租屋報酬率有在恢復,只是租屋過程中仍有不快的事情,就是空房狀態及房客不繳租。

如果加上海嘯兩年空屋期及以上成本房屋回本時間我認為要保守抓個二十年單利為五%,張先生曾經在租賃低潮期試圖要賣掉部分鐵軌邊的房子,沒人買,現在只能用租金回本而已。

☆ 主角所學的教訓及財務規劃師的建議

一、買屋地段最是重要

張先生買屋貪便宜是人之常情,但是還是要考慮好的地段,只是房屋便宜有它的原因。這邊是因地段差緊臨鐵軌,這個房子因為吵雜所以很難賣,有流動性的問題,所以他沒有賺價差的彈性,只能默默的承受出租所需一切繁瑣的事,約二十

年可回本，所以買房地段很重要，只要是價格不太高買在好地
段比較有流動性。

二、選對好房客

　　要挑好房客比較不會有不繳租或其他的問題，甚至有時需
拒絕仲介所帶來不適合的房客。仲介希望成交，不大管房客素
質，房東若不過濾後果自己承擔，通常房客的相貌、氣質直覺
看起來不大正派就可考慮不承租，可以先說：我習慣會跟太太
商量後再跟您通知，如果房客沒工作那沒繳租的機率很高，最
好不要承租。

三、租金可當養老金

　　如果張先生習慣當包租公，在桃園地區買的房子收月租約
四萬塊一個月，年報酬率約七％，這倒是很好的月退俸。在北縣
市收租還年報酬只有一半而已，如果張先生晚年時可以請個人
幫忙管理房屋，擁有桃園或台中縣的房子收租，這不失為一個
可以養老的方式，因為空房大多出現在金融海嘯哪兩年，且他
沒貸款所以也沒壓力，海嘯也過了。

四、汰弱留強

　　鐵軌邊的房子總成本約兩百五十萬，因難租難賣恐怕賠
錢，若可以少，輸為贏可考慮賣掉，一般投資標地的操作會汰
弱留強，把資金用在會賺錢的標的，報酬率才會高。如巴菲特
會用大多的資金，集中在幾檔他熟悉的好股票，集中獲利一
樣。

故事二：收租比賺房價價差穩，找合夥人可創造較高的成本效益，可創造正現金流

　　小姜是幫我做房屋管理及租賃的物業管理者，他在本業上非常努力，不因為他現在經營房地產成功而忽略本業，怠慢客戶。

　　這位三十多歲的年輕人，以前在工廠作鐵工靠勞力賺錢，然而心中一直覺得自己可以不要靠勞力粗工賺錢，跟我聊天後，我請他管理我那時幾間套房的租售事宜，他牛刀小試後，認為他也要跟我一樣作房地產租賃，於是跟父母商量借些頭款，在三重市買間中古公寓隔成四間套房出租，月租金扣除房貸及其他成本淨現金流為一萬五千元，他食髓知味，想說如果再貸款買一間，不就月薪三萬買兩間就月薪快五萬了，是他工廠當鐵工的兩倍薪水。而且當房東很輕鬆，一兩個月抄抄水電表通知繳款就好，他問過我後，我認為他眼光不錯，買到的房子都能創造正現金流。就是月租金減所有成本有盈餘，所以我也鼓勵他繼續投資。

　　只是小李資金有限，於是再跟親友借貸，小李將成功租屋案例與親友分享獲得認同，便與兩個親友合資三百萬，合作投資一千萬左右的物件，將整棟中古屋隔成十幾間套房出租，租金減成本的盈餘還不錯，由合資者均分，但由於與親友合資長期收租一兩個月就要分一次租金，有人嫌麻煩，於是商議賣掉均分，因為地段不錯所以賣掉時有賺到價差，一人賺個七八十萬。

　　縱使這物件已賣掉，小李仍有企圖心繼續投資，又繼續找合夥人合作投資，這次小李人脈變多，找合資對象挑明尋找可以長期一同分享租金或價差的合夥人，再買一間一千三百萬的中古屋，做二十間套房隔間出租。

幾年後小李成績不錯，自己擁有了十二間套房租金收入，同時也從合夥的物件中分享到租金，由於所投資的物件都在新北市，所以仍有增值空間。

只憑收租一個月就能拿到薪水近十萬，然而小李也並非一直一帆風順。他曾在與合夥人共事時有過意見衝突不歡而散，曾經碰過空屋期忍耐借貸還貸款，也碰過房客打架衝突的事件，但整年度而言現金流仍是不錯的。

☆ 主角所學的教訓及財務規劃師的建議

一、把人搞定，世界就搞定

小李因資金不足，跟父母好商量於是順利就拿到資金投資。但與親友合資，就算是對父母，最好開始就以書面合約的方式，講清楚大家的權利與義務。舉凡成本利潤的分配，來避免後面的紛爭，因談錢容易傷感情，開始就要講清楚，這樣長期房子出租如遇到的各種好的壞的狀況，大家比較能共體時艱或共享利潤。

二、挑選好房客並講清楚生活公約

我以前出租房子，有時遇到房客說他賣手機，後來發現他是酒店的圍事。有女性房客來租賃，後來卻找大哥進來住。

我不是輕看特種行業的人，而是這樣的房客出租風險較高，曾經我的女房客半夜被討債公司突破警衛破門而入討債，搞的社區雞犬不寧，或者酒店房客半夜去敲別房客門，打擾到

別人，很多這種不正常的情況，就是因為沒慎選房客，所以一開始就要選擇好房客，如果感覺不對，寧願不租。若要租給他，也要先講清楚生活公約，比如不可影響別人住居生活，可能是聲音、抽煙、喝酒、洗衣或友人來訪等，都不可干擾到鄰居的生活，如屢勸不聽，房客需要搬走或被斷水電，這一開始就加註在契約上。法律雖較保護弱勢房客，但房東經過嚴選房客及先講清楚規矩時，可降低未來房客的出事率。

三、聰明的小李先請教有成功經驗者，小試投資成功後，再來作較大額的投資

其實我看過一窩蜂買房產做出租的，未必都做的好，有些人受不了空屋期太久，繳不出房貸房子被法拍；有些人不能接受三天兩頭接到房客要你去換燈泡，幫他開門拿鑰匙，就賤賣房子；也有些人買錯地段，房子賣不掉。

所以小李很有智慧的先借重前人的經驗，閃避錯誤。比如我曾買過較差地段的房子，較難租難賣，小李就會找較好、有潛力地段的便宜房子。當他把別人經驗當自己經驗，他節省了學費成功更快，果真他用小額買房，隔間出租後，成功一如預期。隨後將成功經驗擴大。當然他也會遇到挫折，但卻是可接受的成長及經驗。

四、小李評估一個物件能帶來正現金流及所要的報酬率時，便下決定投資

小李在做第一個物件時，跟我討論過決定投資的條件，我建議他正報酬率是七％，若覺合理就可進場。報酬率可以用估算年租金除以總成本得到，報酬率等於(每年租金收入四十八萬

元，減貸款成本二十四萬元)，除以(自有資金房屋頭款兩百萬)等於十二%，這報酬率超過七%很多，所以這物件可以買。

　　而租金可保守的抓附近區域平均月租的八九成，比如套房月租行情為五千元，那麼抓四千到四千五應是合理，且便宜租較有競爭力。隔間可以找長期配合的隔間工班以降低成本，另外物件在好地段時脫手方便，如果合夥人想要退股也比較方便。

筆記

故事三：裝潢工變成包租公，從台北縣轉戰桃園縣房租報酬率變三倍

　　魏先生是我岳母的妹婿，從年輕就開始作水泥工。手藝技術好，所以接案不斷。就連我岳父在三峽山上的數千萬豪宅，也是由他一手承包，蓋的是美崙美奐，令人嘆為觀止，所以他長久的努力讓他賺了一些錢。

　　他長期在永和幫許多房東做隔間、造衛浴，看房東有賺到錢，耳濡目染之下也開始在中永和買中古屋來改建套房。由於他自己就有裝修團隊，所以更具成本便宜的優勢，加上他挑好的地段出租，算很順利。只是北縣市的房價貴，房租除以高貴的房價報酬率不過三四％，魏先生相較他幫忙裝修的桃園縣中原大學附近的低房價，感覺桃園縣的大學套房可能會有更好報酬，於是職業直覺讓他在大學旁貸款買了一棟九百萬的中古透天房子，幹練的裝修，使這棟透天房變成擁有十五間套房的透天宿舍。在中原大學商圈附近的加持，使套房很快就滿租，報酬率約為十％，比北縣套房出租的三倍還多，報酬率等於年出租淨利六十萬(年租金收入九十萬減年貸款三十萬)，除以總成本六百萬(貸款三百萬加三百萬改建成本)。

　　魏先生眼光與判斷對了，透天房還有涵蓋土地增值的優勢，且張先生的本業就是裝修房子，他喜歡挑邊間房子，所以他裝修的套房大多都有對外窗少，數幾間沒對外窗的套房便宜租也租的掉。平均一間租個五千塊，所有家電、網路、第四台一應俱全，他改建的房子採光通風都很好，所有家具一應具全，而且便宜。因為我將我的中古家電配合廠商介紹給他，一次採購又更便宜，且服務很好隨較隨到，這就是長期與廠商合作的優勢，有問題經常是一通電話就解決。

　　魏先生的套房出租似乎都在計畫中，很順利。可是好景不常，一位江姓房客因經濟壓力付不出房租，在房內自殺身亡，

這個新聞上媒體後，導致許多老房客不願續租，空房期使得報酬率很快降到兩三％，比北縣市還差，這個很難控制的變數哪裡都有可能發生，只是仍要面對解決，陰霾需幾年才能散去。

☆ 主角所學的教訓及財務規劃師的建議

一、學區旁出租報酬率好

隨著套房建案變多，中原大學旁的出租報酬降低，但積極的找好房客提供好服務，加上建案還是有限，長期出租報酬仍會穩定。

桃園縣中原大學附近的套房改建在多年前很好租，只是這幾年很多套房建案興起房客都挑新房住，擠壓降低了中古套房的出租率。同時商機浮現，有很多投資客湧入這區作租賃，使得房價墊高，相對壓低了出租報酬率。不過還有六七％以上，仍是北縣市的兩倍，建案也會有限量，所以只要套房內裝家電、網路、第四台或對房客作好的服務，長期言仍會有穩定的報酬率。因為房價不高，所以降租也還是有不錯的報酬率，只是要更積極的找好房客用好的服務留住他。

二、挑好房客，降低自殺及不繳租的風險

我朋友在中原附近買了一間獨立套房，前幾年發生一場火災，慌亂中有人慫恿樓上的人下跳求生，竟然真的跳下去造成兩死，這事件被媒體播報後，整個社區房子租售都受影響。

我朋友的套房經過很長的時間都租不掉，因為搜尋網路都能找到那個事件，所以魏先生最好嚴禁房客使用瓦斯，選擇

房客盡量避開八大行業，找有正當職業的房客降低風險。如果一個房客在房內自殺身亡，這對這棟房的未來租售都會影響至少好幾年，尤其是整棟房要賣時，都需要告知買方這邊有死過人，價格就很難是好價了。若真不幸有人自殺，就盡量用出租回本，幾年後大家淡忘此事也會變的較好租，快回本時也是若干年後，要賣掉也可用成本的幾成賣出，這樣還是有賺。

　　能夠事先篩選到好房客預防自殺比較重要。

三、找五到十個專業租屋仲介幫忙租屋，降低空屋率

　　社區有人自殺，只要房租便宜點，找房客勤勞點，還是會有人入住，這時候賣也很難賣，只能盡量出租還本，所以更需要多些專業租屋仲介幫忙找房客入住。

　　我個人建議找多點仲介，出租率自然升高，只是真的有些仲介成交率比較高，有些仲介就是很難租掉房子，所以要不斷的增加高成交率高的仲介人數，加速租掉房子。因為寧願便宜租，也不要空房使報酬率下降，對待績效好的租屋仲介，要爽快給薪酬信任他，自然房子會出租的快些。

　　魏先生的房子死過人，所以租金要降低個一兩成，比如月租五千變成四千，甚至三千五，幾年後隨著大家淡忘自殺事件，房租還是會回到原來水準，所以目前要更積極的出租掉房子，維持人氣。

四、靠管理房子養老不簡單

　　房價若漲很多，如四五成，也可考慮獲利出場，因為靠房租養老一輩子，我認為還是有房客自殺風險，及長期處理繁瑣

雜事的麻煩。

　　我經營十幾間套房，出租已有五六年，知道瑣事不少，房租有時並不是自動進來，有時會有空房，有時房客不繳租，有時水電費算錯，。靠房養老不比一個機構長期給人月退俸來的單純方便，所以能獲利了結把錢投入其他安全機構領息過日，我會覺得更單純也較安全些。

筆記

故事四：上班族變成房產達人

　　陳先生是我運動社團的朋友，由於長年作內勤工作，心生厭倦，一直想改變工作，希望時間自由，又可早點退休財務自由。

　　在與我討論後決定嘗試作在北市中低價位的房產投資，因我認為北市地段好房可保值，同時中低價位接手性很強，且北市房產價格仍有向上的趨勢，應有價差可賺，我們討論後，陳先生就鎖定北市一千到一千五百萬的舊公寓，陳先生第一間看到約一千萬的舊公寓，觀察地段和生活機能不差，所以二話不說，就買下頭期款約三百萬貸款七百萬。

　　陳先生也預估過，月租金與貸款的差額不會太大的負擔。在買完稍微裝修後，租客順利入住，於一年後搬走，仲介帶了好幾組的人去看屋，其中有一對夫婦希望用一千兩百萬購買便順利成交，這樣一年間就賺到一百多萬，陳先生說比他之前年薪還高很多。所以他更義無反顧的往前走，經過幾個月後的看屋，陳先生物色到近木柵捷運的一個巷內舊公寓，成交價一千兩百萬，頭期款四百萬貸款八百萬，這次稍事裝修後，沒有找到租客，陳先生有感覺到貸款的壓力。

　　付了幾個月的貸款後，陳先生心生懷疑，如果租賣不順，他豈不是要承擔貸款的長期壓力，且他現在已沒工作收入了，想想壓力很大，很想賤賣解決壓力。有一天打電話給我抒發壓力，我同時給他一個建議，就是再多找三家仲介幫忙賣屋(還好當初簽的仲介專任委託已到期)，約莫三個月後一位政大的新科助理教授要買房，最後周旋下以一千四百二十萬成交，陳先生空屋了約一年扣掉利房貸利息等成本，約獲利一百多萬，又是一場耐心等待後的勝利。

　　陳先生的唯一工作就是房產投資，他的收入完全靠投資

獲利，第二間房的焦慮等候讓他想到，他需要一種穩定的現金收入過生活比較安心，我於是建議他投資近北市的北縣房屋，隔套房出租，他於是在板橋區近北市，成交一間一千萬的舊公寓，隔了四間套房，每間出租七千元，正現金流即租金減貸款每月有一萬多，收租穩定，讓他心中安定不少，如果房價漲多也不排除賣掉賺價差。

　　近年來房價高漲，陳先生要找一千到一千五百萬的北市舊公寓越來越難找，只能找更老舊的公寓，但地段還可以的來投資，所以他之前合作的裝修團隊能裝潢的美麗，成本又壓低，成為重要獲利的因素之一，陳先生沒有賺大錢，但其資產價值在新北市房價上漲趨勢中也穩健的往上提昇。

☆ 主角所學的教訓及財務規劃師的建議

一、一千多萬的房產流通性最強但要用心找

　　一般人要買兩千萬以上的房子都很困難，要不然就是買了後薪水都拿來繳房貸了辛苦的不得了，所以這價位的標的裝修後賺錢的機率很高如果地段還不錯，倘若地段好其實可考慮持有久點再賣，因在北市可能還有上漲的空間，前提也是要裝潢的漂亮。

二、若資金不足，賺點就跑，也不失為一種安全的操作策略

　　陳先生資金不是很雄厚，且也會怕一直繳貸款，房子租不出賣不掉。我看他有陣子房子租賣不順也會慌，所以只要有賺個一百萬就獲利出場也是不錯的利潤，而落袋為安在心裡上安定些，雖然若持有久些可能賺更多，但心中煎熬太大，倒不如獲利賣出，生活過的比較快樂。且也不保證房價會一直漲，也

許碰到租客自殺就完了。陳先生都在熟悉的北市裏找房，可以更專注的找到好屋。

三、耐心與信心

在房子租不掉賣不出時，要培養耐心與信心，等候房子租掉賣掉。但前提是月收租與貸款的差額能夠長期承擔。

只要選好地段與生活機能北市房子大致上價格會上漲，因為民國一百年美國的財經政策，帶動資金流入亞洲。同時陸資不斷的進入台灣房產，所以熱錢效益會推升台北市，而後新北市的房價。很多人房子租不掉就慌張的想快點賣掉，我能理解這種有壓力的心境，但若最壞的情況是房子賣不掉，至少能收到租金，等候房價上漲。若不漲，那麼單憑收租總有一天會攤平成本，只是北市房需要三十多年才可攤平，成本因平均租金約三%，所以北市房選購仍要注重地段與生活機能要好，要賺價差。

四、陳先生收租的每月正現金流超過三萬更好

因陳先生的主業來資房地產，所以在每月收租的正現金流超過三萬，對於他的生活費比較有幫助。還好是太太有工作，否則一萬多的正現金流要生活有點勉強，所以陳先生有三萬多的正現金流，再加上價差獲利生活會比較穩定。

如果要在北市找到好的租金報酬率有困難，我建議可以到桃園縣中原、元智大學或新竹的清華及交大找合適的出租點作租賃，這些點離他熟悉的北市不過一小時多的車程還可接受，若是買在台中以南恐怕以後管理房屋會有困難。

故事五：買中古屋裝潢後賣出賺房屋價差投機財

　　林先生在保險公司服務時，似乎對保險業少根筋似的，業績一直起不來，最後自己到房仲業嘗試，結果真的天無絕人之路，他做起來了，他房仲做幾年後開始用自己專業下場投資，第一間投資的是南港捷運站旁的舊公寓，購入後花了幾十萬裝潢費，再帶客戶來看，半年後竟然賣出獲利兩百多萬，這對林先生是很大的激勵，因為獲利甚多，於是在平日工作帶看中，又積極的在汐止南港的舊公寓及電梯大樓中穿梭徘徊，希望看到潛力物件可賺錢，一年多後又在近南港捷運站的電梯大樓相中了一間三房的物件，貸款買下後又花幾十萬請老班底重新裝潢，帶客戶來看。這次是七個月後售出，獲利一百多萬。林先生先後投資都賺所以信心越增，嘗試購買預售屋，發現預售屋只需要付不多的頭款，操作更容易，最後買入後由他同事賣出獲利八十萬，林先生作保險困難重重，作房仲卻過關斬將順到不行，他是作房仲的料。

☆ 主角所學的教訓及財務規劃師的建議

一、山不轉路轉，路不轉人轉

　　我記得保險公司有許多主管為了保留住員工，幫他作業績賺錢，常對員工下咒詛就是：從我這邊出去的最後都沒好下場，這種恐嚇人的咒詛真的不厚道，因為若這員工每月幫主管賺了點錢，卻不足以維持他家的開銷仍勉強留人，這樣的主管真是糟糕透頂毫不可取。

常言道祝福人的必被祝福啊！我認為每個人有權嘗試並尋找到合適他的職業，林先生如果一直撐在保險業，若沒突破也算浪費時間，最終找到合適他的職業賺到了錢心情也比較愉快。

二、屋要賣裝潢不可少

林先生常說他帶看幾間舊公寓，幾年都賣不掉，原因就是屋況老舊，屋主捨不得花錢，客戶每每看到屋況這般老舊，甚至還聞到霉味覺噁心，怎可能有購買慾。我自己買過不少房子，通常看到屋況很差直覺就想先走為妙，找下間屋況好的來看，好比相親前至少打扮一下，成交率會高些一樣，所以您若想裝潢舊公寓，最好找仲介公司常配合的裝修團隊成本低些。

三、跟仲介培養好關係，一有便宜大碗物件請優先通知

不管是便宜的預售屋、舊公寓或電梯大樓，如果能搶先機買到，裝潢後賣出通常會有一成以上利潤，這種錢叫『資訊錢』。平時與仲介交情好，或您也有讓仲介賺到錢，他們比較會喜歡跟你合作，但也要判斷物件的地段及機能性好不好才進場。

故事六：從鄉下到台北打拼的阿興，因買自住屋增值後而致富

　　阿興是我的國小同學，從小功課好，畢業於國立政治大學，在台北市作金融業的業務員。由於來自一個貧窮的鄉村，家裏也沒有給予什麼經濟援助，所以一切靠自己。

　　阿興作業務特別先後從事過證卷、投信業務員，由於在北市工作多年一直都沒有自己的窩，在美麗嬌妻的催促下，在民國九十七年買下北市內湖陽光街的舊公寓自住，當時每坪三十三萬元，到了民國一百年每坪價格已漲到五十萬，再一年後阿興察覺到北市屋有漲勢，並且當時國內遺贈稅大降，吸引國外資金注入，推升台灣的房價，於是又在陽光街買間三房電梯大樓，當時發現電梯大樓每坪價格與公寓價格相當是不合理，因為通常電梯大樓有電梯及良好管理價格會因價值而變高，同時發現房貸利率約只有一％，貸款成本很低，以上因素是買屋的好時機，再加上阿興作十幾年業務，現金存款足以支付房貸十年，購屋風險較低，於是阿興毅然決然的買下陽光街的舊公寓及三房電梯大樓。阿興把兩房租出，自己則租個房子在民生社區，如今兩房的租金收益扣除自己的租金和貸款成本，年現金流約有三四十萬元，如果阿興按現在行情賣出兩房可賺約一千五百萬元，這是一大筆錢，而這投資也不過是最近兩三年的事，如果有機會你會聽到阿興在八十五度C講他賺到一千五百萬的故事，因為他真的很興奮，我好生羨慕。

☆ 主角所學的教訓及財務規劃師的建議

一、買住租賣的循環可能帶來收益

一般人有真實自住需求，而買比純投資風險較低，因為買自住屋後，可由入住後感受發現到房屋地段及機能的強弱。若發現買錯至少可以自住，若發現買對了就可出租或賣出獲利出場，甚至再買一間增加獲利，所以許多人作房產投資起於有自住的需求，北市與新北市的房地產，因是近首都區所以漲勢不斷，其他縣市漲勢相對弱，要賺價差作北縣市房產相對安全。

二、要有至少五到十年的支付貸款存款，再來投資比較安全

有可能投資物件跌價套牢，這時存款能支付至少五年貸款，解套機會就比較高。我看過許多人只準備一年存款，後來付不出貸款時，房子被法拍，虧損更大。如果能將房屋出租讓租金支付貸款最好，只是有時就是租不掉，或月租金少於每月貸款也有可能。

三、平民老百姓投資台北及新北市屋要慎重，因金額大筆，若套牢可能影響生活

阿興用七八百萬作頭款約總價三成購屋，一般老百姓未必有這樣的經費，如果要貸款高成數比如八九成，也要有把握房價趨勢向上，通常房價所得比就是房價除以國民所得，越低表示民眾所得變高，房價就會有漲勢。

民國一百年的台灣國民所得已漲到每人每年一萬八千美

金，房價是有漲勢只是我仍有疑惑，北市的房子貴的離譜。我一個華碩工程師客戶，十年前同事買間北市三房約六七百萬，現在我這位客戶買相似的房子卻花了兩千萬台幣，每月貸款額度壓的他透不過氣，花費大多被房貸佔據，生活怎有品質可言，我發現他買的不是豪宅，實際坪數也只有二十幾坪，如果他年薪百萬，也要不吃不喝二十年左右才可繳完，若是一般台灣的普羅大眾年薪約五十萬，需四十年不吃不喝，才可擁有這間二十幾坪的北市三房電梯公寓，所以我認為北市的房價有點貴的離譜。

因為我服務這麼多人，學歷和工作都不錯，買起北市屋都感到很辛苦，十年前我駐足在北市仲介店面常看到一千萬以下或一兩千萬的房子，十年後我看到的一般房價已變成兩千萬、三千萬、五千萬、七千萬了，我個人感覺北市房價有點泡沫化，所以多年來北市的遷出人口一直大於遷入人口，相對推升新北市及近郊林口汐止等房價，北市房價推升，我猜測資金動不來自於占大多數的普羅大眾，而是來自有錢人、投資客或外資，因為即使兩千萬的便宜房子，大多平民老百姓一輩子也存不到這樣的錢，平民老百姓除非有自住需求，買對地段或銀彈足夠，否則容易套住就變成屋奴，這種投機財還是要仔細研究再進場。

四、要依照自己的經濟能力投資

有些人能拿出四百萬頭款，貸款八百萬買間總價一千兩百萬三房的北市舊公寓，月貸款若是三四萬，房租每月收一萬

五，則每月自付兩萬五左右，一年房貸需自付三十萬元，如果存款尚有一百萬，在三年內房價漲起來到一千五百萬賣出，獲利為三百萬，扣除房貸利息約兩百多萬，平均一年賺六十多萬。

如果房屋三年空租，則獲利約為兩百萬。現實上許多人若房屋出租不順利，可能會慌一慌，就會想把房子便宜賣，因不想付貸款利息，所以買對房忍耐抱著等價升很重要，有租掉讓人感受比較好，因至少有幫忙付貸款。所以要作房產投資心臟要大，因為仍有一定的不確定性，若是我，我比較喜歡把五百萬放在台積電或華電信，年領個七%利息，每年拿三十五萬過生活，本金仍在，搞不好股價上升又賺價差，叫我賺房價投機財又要忍耐付房貸利息，感覺好像長期欠債又不保證能賺房屋價差，對於我是煎熬，我寧願作有把握的投資，但是倘若我買好績優股後又有多的五百萬閒錢，有閒錢我才可能作房產投資，希望買的一千兩百萬房，十年後變成兩千萬就好，獲利八百萬減掉房貸利息約七百萬，年利率約六%，看來沒比績優股好，那麼買來出租或給親人住吧。

故事七：一朝雖被蛇咬，學習改進後十年善抓蛇

　　伊小姐是我明基電通的老客戶，家住彰化，由於出社會一直都沒買房子，所以夢想買自己的房子，她在自己老家附近彰化公園附近，買一個兩房的物件，約三百萬，由於很珍惜第一間房子，所以先做些裝潢，花了近五十萬。

　　伊小姐沒做許多比較，就買下這間偏貴的房子，後來又花錢裝潢，使成本又墊高了。她父母嫌棄房子太小，堅持要住老家，而伊小姐要到北部工作，於是決定把房子賣掉，這邊的行情不是很好，所以賣半天賣不掉，最後伊小姐不耐煩的便宜賣出，虧了近一百多萬。

　　伊小姐心有點痛，卻沒時間煩惱，還是要打起精神專注台北的工作，她在內湖工作所以想說租不如買，鑑於之前的失敗經驗，她很謹慎的選屋，這次她不是看了就買，而是看了三四十間的房子才作決定，最後幸運的相中內湖一間四十坪的三房，在來回議價中伊小姐最終以八百五十萬成交標的物，這間的環境很好又正好買在SARS（急性呼吸道感染）的低點，四年後這房子竟增值到一千六百萬左右，增值速度讓人驚訝，伊小姐賠了老家旁的房，卻在內湖賺了近一倍的房價。

　　當然有實現獲利才算真的賺到，伊小姐已婚有子，所以一方面需較大的居住空間，又發現住屋增值不少，於是決定賣掉也同時買另間更大的房子。其實她當初不是想買屋賺錢，純是要找好屋好環境自住為主，後來她又買到東湖的房子，約是一千六百萬，正好是前屋賣掉的所得，結果因為東湖附近的捷運完工，房價又再漲到一千八百多萬，這次不會賣因為要自住，所以伊小姐有過失敗經驗卻能學到教訓，花很多時間過濾很多房子，買到好環境的房子，意外的漲價是天上掉下來的祝福。

☆ 主角所學的教訓及財務規劃師的建議

一、沒購屋經驗，最好先請益有好經驗的人再買屋較安全

我自己也曾犯同樣的錯，覺得房子便宜就買也沒評估地段，環境等房屋增值的條件，所以也付上了代價，就是房子很難賣，幸好還可加減收房租。只是仍可停損賣掉，虧些錢再作正確的選擇投資，房屋買錯仍可作停損另選標的。

二、草率決定吃虧後變成謹慎選擇，學到這個教訓還是划算

人生難免會犯錯，所以我們盡量能接納自己與別人的錯誤，只要知錯能改善莫大焉，有些人會重複犯錯就不值得，但知道失敗的問題在哪，進而去解決才是正確。

伊小姐首購失敗，卻能在第二次購屋時特別花很多時間，挑好地段與環境，並且殺價降成本。她是剛好在SARS期間有購屋需求，也並非看到低點才進場，結果賺了一倍房價。她仍可記住重大事件讓房價回檔也是進場低點，下次仍可這樣操作，只是她不是投資客，只是剛好房價高漲順便賺到，所以許多自住者也會在無意中挑好房時賺到房屋價差財，您不覺這樣很划算嗎?

三、北縣市的房子漲幅相對高

由於陸資匯入，所以資金會推升房價，先是北市而後是新北市。看來房價的上漲趨勢並沒有變，我感覺是資金在推升，而大多北市房價不是一般人能負荷，若要賺價差，可能北縣市的房子機會比較大，因鄰近首都。

故事八：多花些錢裝潢房子，拉高租金讓房子早點還本

　　呂先生是我的房屋仲介，他在仲介業已工作多年，所以自己也會作買賣及租賃。由於見多聽多經驗多，所以他對房子的處理有獨到的見解，比如許多人捨不得裝潢房子提高租金，他就會反其道而行，同時許多人認為賺房屋價差比較快，他就認為收租金才能有長期的穩定收入。

　　他曾經刻意把一層樓隔成五間套房，另外花個八十萬把房子裝潢的美輪美奐，根本就像一個汽車旅館的設備，比如有大型液晶螢幕電視、原木的板、全新沙發等新的家具。然而這付出代價卻也值回票價，他所回收的租金是一般人的兩倍之多。

　　他經營的房子多半在北部中原大學，及中部逢甲大學附近，雖然學生族群很多，但並不鎖定學生，主因學生的付費能力有限，且流動性大，所以比較針對上班族房客出租，可以有較高租金及穩定的住房。算一算他的房子通常可以在十年左右就拿回成本，十年後所收的租金是多的，同時可作退休金的用途，目前他手中有十個套房出租，每月收入還不錯。

☆ 主角所學的教訓及財務規劃師的建議

一、能加速回本是高招

　　如果能找到穩定良質的房客，長期收租年報酬十％算是很好的報酬率，只是房客是人，是人就有變數，所以為什麼選擇工作穩定的良質上班族，比較能長期收到好的租金，這個房客的選擇是很重要的。比如我曾經因為有仲介帶房客來他願意承租，只是我直覺這房客顯露出的氣質似乎不是很正派的人士，但因他願付租金我仍接受租約，幾個月後證明我的直覺是對

的，他開始不繳房租，讓我經常東催西催，最後用訴訟來逼他
才勉強繳費，繳費後過了兩個月的現在他又不繳了，這個催繳
的過程讓我很困擾，也浪費精神與時間，同時也感到有壓力。
因為後來有一次我去處理房子的事發現他身上刺龍刺鳳，這再
次證明了我的直覺是對的，所以可以跟仲介談清楚，較複雜的
人不租，雖然仲介帶看很辛苦，但講再前面可節省彼此時間，
如果花了錢裝潢房子更要與仲介談清楚房客條件。

二、如果收租穩定也未必一定要刻意去賺房屋價差

　　比如呂先生已經固定每個月可收到六萬元租金，他有一天
興起把房子賣掉賺了一百萬，但是卻失去了每年七十二萬的租
金，多賺了一百萬或兩百萬對他的資產影響不大，但失去了年
資金七十二萬就可能影響到他的長期生活費與現金流，除非是
價差可以賺個三四百萬以上才有賣出的價值。

　　要有個長期穩定的租金收入以後未必做得到，因為涉及到
選屋、隔間工程等，可能要在隔間遇到法令問題，不能隔間或
隔間了卻租的不像以前這麼好，都有可能，至少現在的整體出
租率已被長期證明是穩定的，所以對於我個人來，如果我的套
房好租又長期收到不錯的租金，我不會想賣，因為對我個人來
說我有約十間套房及一間公寓能穩定收租，另外緊鄰鐵軌的兩
個套房因吵雜很難租，就考慮賣掉。我出租套房的現狀在桃園
縣便宜租可(若扣掉一位不繳租的房客)約月收三萬元，在總成本
五百二十萬不貸款的情況，年化報酬約為七%。如果我賣掉了這
能生現金的資產，我到哪裡去找這樣有穩定報酬率的工具（續

優高息股可以，只是我要分散風險）。

在我每月現金流當中三萬元佔了一定的比例，所以我不會想賣掉能生租金的房子，倒是會想賣掉租不掉的兩間套房，但賣掉也賺不多，甚至賠錢，若一直出租，約十四點四年可回本，現在已租了六年了，剩不到九年回本，時間也過的蠻快，只要是選好房客，通常相處還算愉快，也有那種租不掉又賣不掉的房子，這時只能便宜賣停損賣出在投資有利潤的工具了。

三、效率的管理租賃

通常我出租房子會跟仲介配合，也會多找幾個仲介加速出租率，當房客入住時我會教他如何抄水電費在水電表上，這樣他在匯房租給我時我就可連水電費一起匯給我，我也不需要每個月去收租或去抄寫水電費，而只需要幾個月去看一下水電抄寫表算的對不對，跟所匯金額一不一樣就好，然而房客的水電費、第四台費用、網路費用直接由我帳戶扣款都是自動化，我自己家裏會放房租水電追蹤表，幾個月核對一次以便提醒房客繳租，也不用親自跑，通常在房客租期到期不租時我才親赴現場點交。

故事九：急躁沒研究下，買的屋可能難租又難賣

　　梅先生在公家機關上班，一直想要投資房地產多賺點錢，平時朝九晚五工作固定，下班後要忙著照顧小孩，所以只能擠些時間在假日看屋。由於沒太多時間看屋，同時又急著想投資，於是在台中市看了三四個房子就決定購買一間三房電梯大樓，後來託仲介出租，結果租一年還是租不掉，便想說既然白白付貸款不如賣掉賺一筆吧，接下來由租轉賣又是一年，還是賣不掉，這過程梅先生發現當初他買的房子貴了，這可能是沒有好好與仲介議價談判的結果，通常跟仲介買屋他如果能輕易成交，恐怕不會難婆的幫你殺價，因賣方也希望高價成交。梅先生充滿著想賺錢的夢想投資，卻落到這種難租又難賣的光景，真是悔不當初，而房貸仍要繼續付。

☆ 主角所學的教訓及財務規劃師的建議

一、學習別人的經驗比從自己的經驗學習更快更好

　　為何從別人的經驗中學習比較容易成功，是因別人已付過代價，我們可以閃避錯誤的經驗，而跟隨成功者的腳步來增加成功率。做任何投資之前，最好能先求教該方面的專業人士或至少有較多閱歷者，甚至找不到就閱讀相關書籍或資料，這樣做點功課會比躁進更好。因為無知容易產生錯誤，而知識能破除恐懼。

　　梅先生的壞經驗可能讓他以後不再想投資房市，或者他能積極的學到教訓做些改進。用貸款投資房地產，這樣大筆金額的物件真的很需要做功課，在此給些建議，投資前至少看個五十間，然後在被仲介帶看時都不要急著出價或購買，在過程

中先了解行情及累積看屋的經驗，出價要在真的了解投資區域行情，談到好價位才出手。

二、投資的房子應該要有好出租的條件

通常好租的房子可以拿租金付貸款，降低貸款或領作退休金用途，而好租的房子也相對不難賣，因為大家都相對喜歡好租的房子，成交只是售價問題而已。

要了解物件好租否，就要透過租屋公司，也許可以扮演租客角色多到租屋公司了解該投資區域物件租金及出租狀況，由租金可以推算出合理房價為何，比如北市房價用年租除以三％，其他縣市除以五％。

三、房價行情，可藉由多拜訪幾家仲介公司取得平均值，或到仲介的公司網站查詢成交價格

仲介公司通常為了要成交客戶，不大愛跟人講附近區域已成交房價，如果成交的高較方便講，因可幫助下次成交；成交的低，就藏在心裡不說，因不利下次成交，所以能直接上網查，加上多問幾家仲介附近行情，應可拼湊到投資物件的行情價，而買價若能低於行情價一兩成就可考慮進場。

四、房屋難賣難租太久，如果嚴重影響家庭現金支出，可考慮便宜賣出停損出場

如果撐著不賣，房貸有可能讓家庭經濟陷入困難，甚至房子被法拍，而有些人雖用現金購買，但房價不升又難租，不如便宜賣掉房子，能再作投資，把虧損的錢賺回來，這就是資金的機會成本。

如果房屋能有個五六%年化報酬，至少他能超過房貸利率成本或拿來作退休現金使用，租個二十幾年也還是會回本；如果租賣都難，那倒不如賣掉虧個三成好了，這三成虧損也可靠這投資七%的高息股六年多就賺回，之後就有每年淨利七%產生，這樣總比房子擺爛甚至被法拍好。

　　另種情況是房屋租的掉，但不好租。房東想淘汰壞標的，也是可以便宜賣掉，比如我有一個客戶他投資一個房子成本約一百七十五萬，月租一萬已租了四年，相對成本已降為一百七十五萬減掉四十八萬約為一百二十七萬元，那麼房東如果降價急售一百萬元賠了二十七萬，他如果將一百萬放在七%高息股，四年後可賺回虧損之後的利潤就是多的。

　　有時候不好的地段真的是要很便宜才有可能賣的掉，另外一個客戶投資中原大學邊的一小套房，總成本七十萬，每月出租五千元已出租三年，所以總成本已降為七十萬，減掉十八萬變為五十二萬，小套房成交價約為五十八萬就不會虧到了。

　　我能了解房屋沒租掉的心理壓力，與其損失這樣精神與利息，不如把錢放在不花心力就有的公債、高息股等利息也不差。保留好的房屋繼續出租，停損賣掉難租、吵雜的房子是長久之計，當然也可能一直賣不掉，那就只能盡量租了，然而盡量租也不是要讓它永遠空屋，可以盡量多找幾個仲介，加高獎金或降低租金把房子租掉，真的租不掉，就需要再降價求售，這樣至少有翻本的機會，就向投資基金股票一樣，要汰弱留強。

故事十：既要作房東就要有冷靜勇敢處理瑣事的心理準備

　　李先生開始投資房地產就很順遂，因他之前就作了功課，所以從購屋到出租都很順利，他共找了三位租仲介幫他租賃。

　　正當他首次當房東就志得意滿時，有些事情發生了，有個房客半夜會敲別房客的門引起一些糾紛；在樓梯口不時會發現一些發臭的垃圾；有房客付不出房租；管委會打電話來說同房的男女房客打架；半夜時房客被討債公司逼債，鄰居報警處理；明明是女生來租房，結果她把大哥男友也帶進來住；或者租客說他是業務員，結果發現他在酒店工作刻意矇騙房東；半夜火警樓上套房的人被鼓動跳樓求生，結果摔死，使同社區房子難租又難賣；有些房客不會按時繳租甚至搞不清楚自己繳了幾期，房東不催他他還以為自己繳了房租了；房客的冷氣機或浴室的水漏到樓下的住戶被抱怨等等。

　　李先生雖租賃順利，卻也付出不少代價，但想到一句話就好了：賺錢哪有不辛苦的！

　　以上李先生幾年來遇到的這些問題我個人全經歷過，所以也可略作分享。

☆ 主角所學的教訓及財務規劃師的建議

一、雖盡量選擇好房客，仍難免找到壞的房客，所以只能用平常平靜心去解決問題

　　有些大哥或酒店小姐都知道，大多房東不愛租給八大行業，便會讓人代打之後再進住。房東在房子難租的情況有時就勉強出租，造成日後困擾，我自己當房東就常處理刺龍刺鳳、房客打架或不繳租的問題。經常管委會的人不敢處理，會把麻

煩與風險丟給我處理，我是常人當然也會怕，但還是得處理，為了降低風險，我通常會先用簡訊或電話平和溝通，讓對方再次了解出租合約的權利與義務，請對方履行享受權利後的義務，只是，是黑道表示比別人不守法，這時我會用兩招，我會說我只是幫討債公司經營租賃，如果真的違約違法，我只能交由老闆出面收款，老闆和他的夥計都很兇，我也很怕他們，這招一直都很管用；另外一招就是按照正常訴訟，由法院裁決，就是先寄存證信函限期繳費，若不繳納就讓法院處理，有些房東會直接在房客押金抵掉房租後先告知房客繳租，若不行則將房客東西打包拿出去然後換鎖，我認為這樣有犯法之嫌，因為透過訴訟對房東較有保障，比如向法院申請支付命令強制房客繳租，通常是兩個月未繳租房客需搬出。打官司比較花時間，我通常會經常的用簡訊及電話與房客溝通，請他搬離並給他好的條件，比如押金抵掉且租金不扣他的押金，他沒住期滿押金仍退還給他，之後儘速把空屋租掉。

二、感覺有危險時，要先預警房客警察隨時會到，而且能用手機隨時通知一一零所在地址請警方處理。

　　有時感受到房客情緒因某些事情暴怒，比如房屋沒住滿期要搬走，向房東要押金或有些糾紛時，可以讓警方處理，或等到電話中談好，彼此關係和諧時再去處理，不需自己去承擔風險，非不得已要點交時，盡量會同警衛或找人一同處理可降低風險，因為房客傷房東的社會新聞也不，我自己是會藏著警棍以備不時之需。

三、房東要做好房客生活公約及水電房租統計表查核，作 為提醒房客之用

通常房客看到公約加減會遵守，比如不影響其他人作息、不亂倒垃圾等，有人亂倒垃圾需予以勸誡，並貼告示提醒。我遇到的酒店房客，半夜正好是上班時間，精神旺的會去打擾鄰舍，我只好請帶他來的仲介跟他勸誡一下，同時我跟房客說一切照合約來作，若有爭議以法院為準，最後請他搬離。

筆記

第六篇

正確理財樂安康

綜合理財篇

故事一：先確認計算自己的付款能力，再做合適的計畫達到夢想

　　王先生和王太太結婚五年育有一子，打算之後再生第二個孩子，目前住在三重，房貸還有三百萬，每月貸款兩萬五，希望能夠搬到台北市去住，讓孩子有較好的教育。期望找個一千兩百萬的房子，甚至希望能存到三四百萬，能讓孩子出國留學，兩夫妻沒有記帳的習慣，有做些零星的股票及每月兩萬的基金投資。

　　她們希望以後能存個兩三千萬來做退休金，夫妻的總年收入約為一百萬，現在小孩讀私立外語幼稚園一個月學費兩萬，兩夫妻充滿了夢想，只是不知為何總是感到錢不夠用。

☆ 主角所學的教訓及財務規劃師的建議

一、需要作詳細的現金流及資產負債表

　　我與王先生仔細的檢視他家的現金流量時，發現每月收入減支出是負的，他以前沒有察覺，只是感覺錢一直花有點不夠用的感覺，她們夫婦月收入約為八萬多，而月支出為幼稚園兩萬、房貸兩萬五、基金投資每月兩萬、伙食費每月兩萬、娛樂費每月五千元、保費每月一萬元，所以每月透支約一萬多。

　　她們其實一直在花老本，收支若沒做調整有一天老本會花完，她們現在有的一筆急用金約為五十萬元，我認為急用金不要輕易動到，因可能在重大意外或失業時，能保護家庭經濟免於向人借貸。王先生家最好樽節支出，使支出能小於收入，才不會動到急用金，而支出小於收入永遠是理財鐵律，這樣才不會陷入借貸與老本花光的危機。

二、夢想每人都有但要合乎實際

　　想在台北市買一千兩百萬的房子有點困難，可能要在較偏僻的地段找舊公寓才有可能。王先生現在仍有三百萬房貸未付清，我認為要再累積一段時間的財富，找機會把三重的房子賣掉，才有可能買下北市的房子，如果力有未逮，建議不要把不能負擔的擔子背在自己，恐怕太大的經濟壓力使日子過的不愉快。

　　在北市比較可能用一千五百到兩千萬買到一般較好的住宅，但這貸款不是王先生所能負擔，我倒建議他直接在三重找好的學校，讓孩子就學比較實際，因為搬到台北的成本過高。

三、王先生與太太的一百萬保障太少，建議增強來保護家庭

　　王先生這對夫妻才三十多歲，小孩四歲又有房貸三百萬，如果不慎其中有人有風險，教育費五百萬加上房貸三百萬，及夫妻其一的十年生活費約兩百萬，共約準備一千萬，由於壽險較貴，所以會建議用便宜的組合作規劃，比如定期壽險五百萬加上較便宜產險公司的意外險五百萬，這樣約有一千萬的保障，雖然病死意外險不賠，只能理賠五百萬，那至少是全家年薪的五倍，但若發生意外，就可賠償一千萬，這與十倍年薪保額是異曲同工。

四、王先生還是要檢視基金績效並汰弱留強及執行停利

　　王先生幾乎用月薪的四成在投資基金，他沒有檢視的習慣，甚至買什麼基金也忘了，這樣很容易投資白做工，所以我建議他能重新調整組合後，用電腦設好停利點兩成，屆時嚴格執行，才能善用薪水。

故事二：賺錢又節儉的先生配上愛花錢的太太

陳先生和陳太太是我認識多年的好友，兩夫婦個性差異蠻大的，陳太太比較豪邁，喜歡用錢交朋友，常喜歡幫人買單，但好像沒有在算成本是否太高的問題；陳先生為此偶爾會與她有些小衝突，因陳先生個性節儉，買什麼東西之前都會盤算清楚，有需要、夠便宜才會買。

兩夫妻一個節儉，一個花錢很大方，但陳先生畢竟是家裏主要的經濟支柱，大多開銷都是由他支付，這兩夫婦真像我們家的狀況。最後我乾脆建議陳先生來主理財務，既然大多錢是他支付的，陳太太想想也沒多說什麼，因為的確陳先生支付大多的開銷。兩夫婦有共同基金作為家裏公共開銷的用途，舉凡小孩教育、家庭旅遊等，兩夫婦會將錢一起存著，本來這筆錢只就近放在華南銀行，利息不高，但會算的陳先生決定將存款放在利息更高的銀行，一下子利息翻了兩倍。這是多年前的事，陳太太也感覺先生的確有一套，那時兩夫妻在先但是買了間房子六百多萬，光貸款利息就有十%，陳先生總感覺成本太高，就到銀行去跟貸款人員反覆洽談是否可以降低貸款利息，剛開始銀行拒絕要求，慢慢的陳先生就用轉貸為由，請求行員降低利息，幾翻談判下，銀行經理竟同意將利息降為六%，每月房貸又降低了。

另外陳先生請太太將戶籍遷到所買新屋，這樣可以使用自用住宅房貸利息三十萬的免稅額度，同時又免繳房屋及地價稅，陳太太欣然接受。陳先生與陳太太個性真的有差異，陳太太的收入有不少拿去請客，認為是用錢交朋友；平時使用電燈經常會忘了關燈，浪費電費，陳先生認為請客可以花少錢，仍可禮輕情意重，且覺常要給人請的朋友，恐怕不是良質的人，因喜歡佔人便宜，建議太太選較優質的朋友；陳先生不會忘記關燈，他甚至會把所有電器的插頭拔掉，只差冰箱的插頭沒拔掉，有節約的好習慣，他建議太太一同把房貸清掉，結果在七年內解決掉房貸了，現在看到房價有漲心理覺得很有成就感，他很省也會規劃，也存不少錢，只是對自

己的資產負債有點不清楚，因存太多銀行了，他知道他買了一堆的股票、基金，也存錢到各個銀行，想再做些投資買屋卻又怕錢不夠用。

☆ 主角所學的教訓及財務規劃師的建議

一、夫婦同心存錢比較快，彼此要溝通好用錢的價值觀

　　我有一個年輕教授客戶，剛結婚沒多久生了一個小寶貝，卻在一兩年後與新婚妻子離婚。這羨煞多人的小家庭怎會有這麼大的變化，我好奇的問了我的客戶，他說太太在一年內刷卡刷了上百萬他養不起，原來是消費習慣的巨大差異。

　　夫妻最好在婚前就要有用錢的共識，不然就需財務各自獨立，像陳先生與花錢沒節制的太太耐心的溝通後，合力將房貸很快的還完，就是很正面的結果，先生很省、太太亂花這樣也不好，但這種情況我也見聞不少，還好先生是醫生薪水很高，有時醫生先生請太太節制會換來口角，乾脆不講讓太太每月領個五萬塊花用，不多拿就好，這情況是剛好遇到收入高的好好先生，但這潛藏一種危機，就是如果先生因外遇或某些原因離婚，這位花錢沒節制且沒工作能力的太太會遇到經濟上嚴酷的考驗。我週邊就好幾個這樣的案例，每月領五萬的太太突然被休掉，最後找工作多年找不到，人也變老，四十好幾，一直想找個有錢先生嫁卻被嫌棄沒工作能力及在臉上已經看到年紀，不再那麼年輕貌美吸引人了，經濟就陷入困境，這種情況不是很好，因離婚女性再嫁的難度變高，所以我認為女性最好能保

有工作能力，因離婚率高及要跟先生同心經營家庭，反之男性
亦然。

二、清楚的資產負債表及現金流表，可幫助家庭作更好的 財務計畫及投資

陳先生與我討論後發現他的資產不少，可以好好的規劃及
投資，他目前還清房貸後又工作多年，幾乎是零負債。

資產如下：

安泰商銀：五十萬、六張台積電股票，總值約兩百萬

富邦銀行：六十萬台幣、三萬五美金、超豐半導體市值
約五十五萬總合約兩百六十五萬。

台灣企銀：美金十五萬元，剛停掉兩支表現差的基金轉
存黃金存摺投資約十八萬台幣，總合約四百六十八
萬台幣。

渣打銀行：停利貝萊得礦業基金及新興市場基金，約有
五千美金折台幣約十五萬。

中國信託：鈕幣三千圓定存，總合約八萬台幣。

郵局：定存一百萬台幣、三十六萬活存，總合約
一百三十六萬台幣。

匯豐銀行：美金十萬公司債卷，含利息總合約三百六十
萬台幣。

香港花旗銀行：基金淨值約五十萬台幣、五萬元美金、
五萬九美金的政府債，總合台幣約為四百萬

富邦投資型保單帳戶價值：約六十三萬台幣

合作金庫人民幣現鈔：折台幣約八十萬

富邦儲蓄型保單現值：七十萬

境外儲蓄保單現值：難以估算
以上總合台幣約為一千九百六十五萬元

不動產
新店的公寓已漲到市價一千一百萬，負債等於零

收支現金流

　　陳先生每年收入保守為一百五十萬，減掉全家年支出一百一十萬，淨賺約四十萬，所以陳先生可以運用這多的四十萬作投資。

　　以上我與陳先生花了半小時整理出來的資產負債及現金流量表，雖說有些數字可能錯誤，但差距應該不大。

　　陳先生的閒置資金不少，這邊有幾點建議：

（一）申請網路銀行，對過往表現不佳的基金做停損汰換，並對獲利基金作停利，這樣會領到一些錢再將之投入到好基金，比如黃金存摺每月一萬五、新興市場、蘇俄及礦產基金約每月投資一萬六，主因這些硬體原物料的價格趨勢為向上，陳先生贖回的錢夠扣一年，若一年內獲利有兩成可停利出場，若錢扣光了可用存款續扣直到利潤兩成停利出場。

（二）香港的農產品基金目前負五%，可等待回正出場，因農產品是軟性原物料，今年有機會價格向上，其他大陸基金負兩成及五成是因高點買入，放了多年報酬仍

不見好，也許可以等到負一成或負三成時停損出場再找標的，以前應該沒有做停損，才會單筆基金虧到五六成而一套就是五六年，保守的陳先生可考慮公債面額回到一一零以下再進場買領利息。

(三) 陳先生有十幾二十萬的美金部位，需要忍耐等候匯率回到三二點五再換回台幣，因三二點五是二十年美金對台幣的平均匯率，若願冒險可考慮進場高收益或新興市場債，試著賺債卷價差及利息，尤其是新興市場債因內需需求有上漲趨勢，但我建議分批進場，比如兩三萬美金為一個單位進場三次。

(四) 台積電及超豐半導體由於現金殖利率還有四%，建議持有領股息若價很高再獲利出場。

(五) 留郵局三十六萬作急用金，台幣約有一百六十萬活錢可投資，可保留股市降到八千點以下或更低時進場，或者等美金對台幣匯率跌到二十八多再進場買美金，美金匯率與股市走反向，意即股市好時美金匯率差，理論上是美金低點時進場存美金賺匯差，等到美金匯率變好時賣出美金進場買在低檔的股市，這樣可兩頭賺，但實務未必跟著理論走，由於陳先生的美金部位已不少，所以我建議陳先生可先定存一百六十萬台幣三個月一期，等候股市變低時進場撿便宜，以免有好機會時美金匯率又不好又沒有台幣進場買股票。

（六）陳先生的房產屬自住雖漲了幾成但也不想搬，那就自住就好，他現在能動用的台幣約一百多萬，現在進房產投資恐怕不夠，是可以等美金匯率好時投資房產，但我認為與其冒風險去賺房屋價差，不如把錢放在高息股領息，幾乎沒什麼風險，也不用處理租賃或買賣的麻煩事。如同我之前說過的，將兩千萬放在五％固定收益的工具，就可無風險的賺到年薪百萬，為何要冒風險呢？

筆記

故事三：二十歲專科畢業生，傻傻買零股及自住屋，二十年後躍升為四千萬富翁

　　田先生是我以前在科技業工作的的老同事，他五專畢業很早就進公司做事累積年資，今年四十四歲已經可以退休（如果不奢侈度日的話）。

　　老實的陳先生一向努力認真工作，從年輕進公司做事就一直買中鋼和台塑股票，其他股票都不碰，由於科技業很重視學歷，田先生五專畢業自然拿的薪資也不高，但他不以為意，反而工作的格外努力。多年前在北市租屋工作，他一直想要有個自住房但又買不起，隨著老闆看到他工作努力，他的薪水也逐漸升高，終於貸款六百五十萬買了間八百萬的北市屋(其實十幾二十年前北市很多房子是在一千萬上下，不像現在狂漲的不像話，四五千萬的房也不稀奇)，實現買屋的夢想後，田先生付掉房貸，所餘的薪水全部拿來買中鋼和台塑，這樣就過了二十年，單身的他沒有家累也沒什麼嗜好，每天除了工作還是工作，他的興趣就是不斷的買入中鋼台塑變成一種習慣，二十年來他有時每月用餘錢買零股，有時等到存一筆再進場買，他也知道價低要買多，所以台塑在五十以下進場，四十以下買更多，三十以下又買更多，中鋼也是一樣，一直往下買，甚至買到十幾塊一張的價格，他買了也不賣，因為賣出來的錢他也用不到，所以也沒動機賣，而房貸月貸款可由薪資給付，現在他還在同家公司工作沒有離職，所以薪資穩定，你也許會覺得他生活了無趣味，只是單身的他過這樣的生活已過十年也習慣了，頂多跟同事上館子或喝茶聊天，這樣也花不了什麼錢。他從五專畢業就直接工作，因免役，所以工作時才二十歲，二十年後的現在也不過四十歲，這個五專畢業生竟然已存到股票市值近快兩千萬了，房子增值還沒算在內；而我另外一個長期派住國外的同事一樣是四十歲，最近在北市買跟田先生幾乎一樣的房子卻花了近兩千萬，田先生卻已擁有了近兩千萬市值的房子，田先生有錢有房，人也長的不難看，條件好，所以許多女子自然就被吸引，因他只有四十歲而已，近一年他與同事介紹的女生結婚並生個孩子，我就建議他要為家

人規劃些保險來保障全家,雖然他已有約四千萬的身價,目前光靠領的股息就可年領一百多萬,他大可以不用工作了,但他還是習慣工作,把工作當成一種生活方式,不做也怕無聊,他投資沒什麼訣竅,就是傻傻的在價格五十以下買中鋼、台塑,越低買越多,買屋也不是因為要投資,而是十幾年前有自住需求而買,想不到增值這麼快,他沒有很好的學歷,所累積的資產羡煞許多博士,我認識許多人約四十歲才拿到博士,財富還是從零開始。

☆ 主角所學的教訓及財務規劃師的建議

一、最單純的存股票贏過複雜的投資,還省下許多時間

　　田先生不斷的在低點買中鋼台塑,再將配息再次購買股票,又能分配到股票股利,這樣可以充分的用複利錢滾錢。二十年的時間不算短,所以複利效益卓著,他的優勢是從很年輕時就開始利用複利效應,所以存到不錯的量時還很年輕,如果五十歲才開始,恐怕複利效應有限,因為存到七十歲有效果時人也老了,所以複利效應最好越年輕開始存越好。

二、從三、五年的均價以下進場

　　從均價以下及合理的股價淨值(股價除以淨值若低於一表股票被低估,而大於二表示股價偏高,通常數字在一點五以下就是進場點)來決定買點,好比中鋼的歷史均價為三十左右,只要三十以下的價位便可考慮進場,而台塑也可在均價以下進場。

　　三、若可行,房產漲了很多時,可考慮停利出場,因為有可能房價泡沫化,所有的工具都需停利才能落袋為安,看的

到的錢比紙上富貴好，所以如果滿意房價漲幅不妨可以獲利了結。

四、購買保險可以保護資產

許多朋友不買保險，理由是即使過世了，他的存款與資產足夠讓家人過一輩子，我很羨慕她們的財富自由，只是如果我們能用五萬塊解決掉風險，我們便可以不需動用老本解決風險，豈不更有效率？畢竟錢不嫌多的，要省錢最好省別的地方，保險是財務規劃的基礎。

筆記

故事四：工作忙碌無法專注投資的詹先生

　　詹先生是我的客戶，在科技業工作，年約三十五，現在單身，租屋在大學附近。由於渴望財務自由，所以他經常投資股票或基金，但礙於工作忙碌的關係，經常是開始時看一看後來就沒有追蹤。

　　有時候聽到我報給他的績優股，他可能會因剛好有空就進場購買，並沒有耐心等到夠低時才進場，這主因他很忙碌，所以想到就做，可是卻在不該進場的時候進場，然後就看到投資標的報酬越來越差，就對投資興趣缺缺。也曾在營業員慫恿下融資投資股票，在醫療保障上因為有我服務，他的保障非常專業，可以應付人生的諸多不確定風險。詹先生年輕卻有早點財務自由的企圖心，他一天工作超過十二小時認真勤奮，我認為他是拿命換錢，所以他也希望早點能退休，不用這樣一直燃燒生命，至少能選擇較好的生活或工作方式，如果財務自由的話。詹先生很幸運選到我做他的財務顧問，所以我會用最簡單的方式幫他達到目標。

☆ 主角所學的教訓及財務規劃師的建議

一、上班族有自己的自住屋較有安全感

　　我記得以前在台北唸書，家人很早就在台北租屋，一個月要兩萬租金，在台北租了超過二十年，付了至少四五百萬的租金。如果當時能湊個頭款，把房買下把租金當房貸繳，現在也有個台北窩了（但現在北市房價泡沫化，我建議可在新北市或外縣市購屋），我認為上班族若有能力最好買屋，且美國聯邦理事會在消費者財務調查，發現有屋者的資產是無屋者的三十倍左右，況且政府已通過了「反向抵押貸款」，政策就是可以讓政府付屋主月生活費，到屋主終老時房子收歸國有。

當一個人固定繳房貸時，等於強迫儲蓄，房價的波動性較低，使財富有一定的保值性，若是自住屋，隨時可買；而想要投資，則須等到低點再進場。

我回想我父親賣掉台北房轉為租屋而住時，每次我回台北都有一種淒涼的感覺，那個感覺說不上來，有種不安全感，但因我才在念高中也無能為力幫什麼忙，所以我會建議要有自己的窩，可穩定家庭生活，現在的我有好幾個自己的窩了。如果要買屋也要看自己的還款能力，可按部就班，先住房價便宜的如新北市的外圍，如桃園新竹一帶，再考慮新北市進而轉進北市，當然也要看工作地點及有無照顧親人的需求。

二、完整專業的保險規劃是重要的

鮮少人不生病，所以如果碰到意外或疾病工作收入中斷時，好的保險規劃可以讓您卸下憂慮，專心養病，甚至能補償您的工作收入，我自己在前幾年開刀時，讓我感受到理賠額度足夠的重要性。

所以我一點都不憂慮疾病會帶給我的經濟損失，事後我領了不少錢，還請同事去高檔咖啡廳喝咖啡呢，同事笑稱這是「血汗錢」，如果生病了身心已受苦，還要擔心錢的問題那就太辛苦了。

三、投資的確要反人性的進行

您看到股市直直落，大家很怕錢虧很多時，我相信你也會怕，但這卻可能是很好的進場低點。當大家都從股市賺到錢時，您也會羨慕大家想賺它一筆，只是這時往往是要獲利出場

的時機點。

　　一般人有從眾心理，就是別人有信心他會變的有信心；無信心時他也變的沒信心。詹先生甚至是有空就直接買，也沒有做投資計畫書設進場點。所以累積財務智商及本金對投資會有很大助益，然而不舉債投資是比較安全的操作方式，因為舉債有成本壓力，變成想賺別人的利，別人要撈你的本，而資本多時錢滾錢的速度會比較快。

四、財務自由需要自動流入的穩定現金流

　　投資安全的資產能產生定期穩定現金流，而不需付出過多時間或金錢成本，投資這樣的資產比較能實現財務自由。

　　通常會想到這些工具可能是高息股、債卷基金、美國公債、房租或保險年金、版稅等工具，我的經驗告訴我，如果您想輕鬆的領生活費，較好的方式是選擇高息股和保險年金，版稅不錯但現在出書的人太多，很多書一刷就不再印現金流何來；我做房地產六年，找房客或處理租賃事宜是個要付的代價，有時空屋時現金流不穩定，想要賣也不好賣，現在買到了就得出租，說實在我會漸漸把房屋出清轉到高息股或美國公債，有確定收益又沒什麼風險，我比較過諸多工具財務自由的現金流，最有效率又安全的工具是高息股及美國公債，因利息超過保險年金等，債卷基金也可考慮，但仍有跌價風險，要一直觀察作停損停利。曾經有一位美國名作家 "JOEDOMINGUEZ" 長期研究實現財務自由的現金流工具，就是美國長年公債，這位作者的研究跟守至我長年的研究雷同，所以我數年前就進場

了二十萬美金買美債，因美國政府不可能倒，所以錢一定領的
到，雖然美債的利率由以前的七八%降到現在的三四%，主權信
用風險似乎增加，但我在多方比較查證計算後，還是認為美國
長期公債是很好的現金流工具，我上次賣掉二十萬美金公債，
賺了約五六萬美金(因海嘯推高公債價格)，我如今再進場五萬
美金，面額一一四多殖利率四點二，然而我還要在價格降到
一百一以下進場購買，我算過保險年金的殖利率約為兩%多，而
房租及債券基金仍有價格風險，可能賺了利息賠掉價差，高息
股只要低點進入利息幾乎穩賺，只要公司不倒可領一輩子，美
金公債與高息股是我最看重的現金流工具。房租是不錯，我也
領了不少，也曾年領四五十萬或五六十萬，只是涉及的風險及
時間成本讓我覺得麻煩。我有點怕我老的時候爬不動樓梯去登
記水電表或者還要跟壞房客周旋，當然您必須有一定的資本才
可以相應的現金流可領，美國公債(需到香港花旗或匯豐銀行開
戶)的票面年利息是五點三七五%，而高息股一般有年息七%的水
準，我最近才請我香港理專幫我辦約定帳戶，以方便我每年領
公債利息使用。我喜歡的穩健配息公司是中華電信、台積電、
台塑、中碳、大田等，它們的十年平均均價約為五九、六十，
均價以下可以大量進場長期投資。

故事五：為了妻小還是要為五斗米折腰

　　許先生四十八歲，是我的老鄉，任職一家產險公司擔任產險業務經理。由於薪水不高，加上跟老闆互動不好，便希望有方法能早點退休。他的個性保守，除了定存還是定存，經濟情況不好的情況下只能忍氣吞聲，為五斗米而折腰，但希望至少年老時有夠用的退休金可用。他每每受主管氣時，就會找我到八十五度C訴苦，最後我們討論到一個結論，就是盡量去適應環境，因為畢竟還是需要這份薪水。

☆ 主角所學的教訓及財務規劃師的建議

一、有個工作穩定領薪很重要

　　如果真的需要這份薪水，就要盡量適應環境，因為未必能找的到第二份工作，特別是在高齡的情況下。

　　許多人年輕時工作換了很多，但年紀大又需要錢時，穩定的收入還是很重要，與其讓家人餓肚子，稍微工作不順忍忍就過去了，因為畢竟您還是有求於人，或者騎驢找馬，工作找到再辭掉原工作比較安全。

二、對保守族來說，存續優股是最有效率的安全方法

　　如果每年在高息股股價均價以下進場買股，如果價格更低便可單筆買更多張數，長期言，股利便可做生活費，比如存了十多年，最後股票張數為一百或兩百張，股利就有三四十萬可用，加上勞保或勞退金月薪就有四五萬可用了，許多高息股如台積電、中華電信、台塑等大型績優股，只要在十年均價約六十左右以下進場，長期擺著，就能領到不錯的股息作生活費。

故事六：富貴穩中求

　　胡先生是我高中同學，任職於富邦人壽，擔任財務顧問十多年，近幾年操作期貨選擇權頗有心得，索性離職在家當專業操盤手，剛開始績效不錯，後來發現前面賺的可以在一年內把獲利全部吐回去，既然踏上了這條路，也不大想回去作保險銷售，因為保險沒這麼好做，如果客戶量或購買金額不大，薪水不多可能年薪百萬不到，只好繼續研究期貨選擇權的操作技術。

　　他在幣別的資產配置，完全集中在台幣，因認為台幣是好貨幣。由於有兩個孩子，老婆在富邦人壽作業務沒帶組織薪水普普，所以胡先生希望賺錢能賺的快些、多些，對台股、黃金或房子價格升降緩慢的工具都沒興趣，現在他仍一心一意，不同於十幾年的東奔西跑的業務生活型態，轉變成成天在家的期貨操盤手，我不好意思問他績效如何，但從側面了解，賺錢好像不是很多，在長期賺賺賠賠下，對於富貴穩中求的我，我似乎有點擔心這位四十三歲已入中年的老同學。

☆ 主角所學的教訓及財務規劃師的建議

一、漲多必有回檔，所以及時獲利抽出資金才是上策

　　我觀察台灣的股市許多年，通常是衝到九千或一萬點，約莫一兩年的時間就會狂洩到很低點，如四五千點以下。這個循環一直在重複，所以目前已經被陸資等氾濫的資金潮推升的股價，房價等有可能隨時會往下掉，近期因日本地震因素使股價下跌一些，通常經濟往下跌先發生在股市，再來會是房市，所以獲利後先跑先贏，再等候下次低點，尤其是美國在二零一零年的量化寬鬆政策，印很多鈔票使資金更氾濫，造成全世界性**的通膨（過多金錢追逐有限的資源）。**

二、資產配置穩健，需要配置保值性的房子、黃金或原物料等標的

有限的資源有一定的保值性，因物以稀為貴，尤其是黃金自古以來就是通用貨幣，也被全世界所接受及喜愛。它雖然由二零零八年十一月始迄今已漲了一倍，到每盎司一千四百美金左右，還是有可能上攻到每盎司一千五、一千六美元等，所以黃金相關產品如黃金實體、黃金基金、存摺或股票都可加入配置增加保值性。

很多國家喜歡買黃金當作資金的救生圈，因有很好的保值性，而在有任何災難時，大多的資金會選黃金作避險工具，所以黃金的確值得列在資產裡面至少一成左右。黃金基金比存摺震盪，大理由是因其投資的採礦公司，可因金價大漲時加班挖礦而下跌時減少挖礦，這樣就可以進可攻可守，所以金價好時黃金基金可能漲個兩三倍，因公司又可增加產量，然而要注意基金價格是否過高，要確認其十年趨勢圖再決定進場否，國內目前買不到黃金類股，只有到香港開戶買些黃金類股，它的漲幅比黃金存摺高，因為在市場有交易量，而存摺基本上是存黃金實體只是登記在簿子上而已，所以您若看好黃金長期上漲趨勢，可考慮到香港買黃金類股，若綜合以上優缺點，希望富貴穩中求，買黃金存摺雖獲利爆發性沒黃金股票或基金強，但相對穩健安全也方便，我個人月扣約一萬五的黃金存摺，然而也會計畫去買黃金基金每月一萬，我會建議在黃金的均價一千三百多往下買較穩，因每月定期定額平均成本後風險較低。

三、台幣目前不錯，但若有餘力分配部分資產到人民幣或美金更能分散風險

　　胡先生因為操作期貨，所以都存在台幣，如果資產很少如幾十萬，那就放台幣好了，因為即使分散存效益也不大。但若您想藉此操練對外幣的熟悉度也可以，也許以後有大筆錢時操作會更有經驗。

　　台灣的外匯存底有約三千八百億，有足夠大的市場容納國際熱錢及兌款，所以台幣升值可期，熱錢同樣也會流向外匯存底更高及存款利息不錯的中國，相對會推升人民幣的價值，記得資金湧向哪裡，哪裡的匯率就會上升，很簡單的比方就是兩百塊錢除以十單位，是一百塊錢除以十單位的兩倍，然而人民幣也會提升港幣的價值，因為香港由中國管轄，且香港本地存有大量的人民幣相關投資標的，所以長期言與美金正相關的港幣會與人民幣的正相關性越來越大。以因量化寬鬆或其他政策大量印製的鈔票，會因有較高利率及投資獲利市場如股市等，而流入亞洲推升新台幣及人民幣值，也帶動股市與房市的活絡使價格提升，所以長期持有台幣及人民幣仍有增值空間，有可能在近八年這兩個正相關(一個漲另個跟著漲反之亦然)的幣值漲個一兩成。

　　大家都說美金會長貶，我認同此說，如果部分資產加入美金也能避險，畢竟美金還是國際通用的避險貨幣，雖然有專家預測它數年後佔全世界外匯存底六十七%，會降到四成左右，這是預測未必會實現，然而他仍是世界最通用的避險貨幣，我認為它的地位還是無法被任何貨幣取代，它的幣值遲早會恢復一

定水準，而最近日本大地震的衝擊使美金又再升值，以前有太多所謂專家講美金會貶到二六、二七，但從沒實現過，預測最好是當參考別完全當真比較好，所以我認為美金仍值得在低點買進，持有部分。

四、富貴穩中求比較有把握

希望胡先生能賺到錢，事實上他已陷入苦戰，能在期貨選擇權高風險工具真正賺到錢的不多，如能穩健配置穩穩賺會比較踏實吧！

筆記

故事七：借貸過多資金投資房產風險相對高

　　徐先生是我以前明基電通的同事，也是我的客戶，因為看到許多同事轉到其他行業有賺到股票財，比如轉到晨星或群創科技，他於是離開明基轉到另外一家科技公司專門作微型投影機。由於是非常新銳的商品，他認為公司的股票有爆發力，於是一舉投入四百萬投資這個未上市的潛力股，只是等了很久也不見股價高漲，沒賺到錢反而被套牢。另外他預測竹北的房產有上漲行情，於是先貸款約五百多萬的自用住宅利率，約一點五%，每月付貸款兩萬多，貸款五百多萬投資隔壁的住房每月付貸款兩萬多，但在前三年可先月繳利息七千多，再貸款七百多萬；又以太太名字投資另外一間竹北三房，年利率約一點六%，每月付貸款四萬多，所以總貸款約近兩千萬，而月貸款需支付約九萬元，他願意投資三個房子的原因是附近有捷運，也將蓋快速聯絡道到園區，徐先生年薪目前還有一百五十萬，之後要看公司營運獲利才知薪資為何，他告訴我他的被房貸壓的喘不過氣，。急著想把兩間投資屋租掉來付房貸減輕負擔，目前仍招租中。

　　徐先生育有一子，且過半年會有另外一子將出生，屆時有要準備個二三十萬來做月子，他感受目前的經濟壓力很大，希望三間貸款近兩千萬的房子能大漲大賺它一筆。

☆ 主角所學的教訓及財務規劃師的建議

一、投資要看的準，並且用漸進式分批進場，有真的賺才越投越多，不要一次投入太多，套牢就辛苦了。

　　每個人都希望努力幾年就能發大財，以後就可有過有選擇性，不需要看老闆臉色的自由生活，聽到發大財的案例最多的是拿到園區裏有爆發力的股票。許多年輕的科技新貴，做個五年十年，只要股票張數夠且股價往上衝，很容易就變成千萬

富翁。只是有些朋友選對公司有賺到錢,而也有許多的朋友擁有的股價就是漲不上來,認為自己公司的股價會起來,結果借錢認股買了一堆,到最後也沒有賺到錢,所以最好是用分批進場和分散風險的策略,先用一半閒置資產分三次進場投資自己的公司,另外一半投資其他穩健的高息股,這樣至少可以邊走邊看,比如第一次進場公司未上市股,發現一段時間後價格反而下跌,那就暫停投入,若價格有起色有好徵兆,再投入第二批,這樣比一次投入整筆安全。

二、房產價差投資屬高單價、較有風險的投資,要有五年沒人租還能付房貸實力,再投資比較穩。

如果碰到房價沒漲而房子卻租不掉的窘境,投資者就需有能力扛房貸,我自己在金融海嘯那兩年,就面臨房子幾乎兩年租不掉的困境,還好我沒房貸壓力,只是租不掉賣不掉仍讓我感受很差,如果租不掉又賣不好徒然背負房貸壓力,使經濟壓力變的很大。如果徐先生的薪水降低,甚至就有繳不出房貸的困境,這時可能被迫降價虧錢賣出房子,所以我會建議徐先生盡量多找幾個仲介把房子租掉,最好是房租能大於等於月房貸,這樣生活就不會太緊。

現在台股上八九千點已有半年時間,通常台股衝到八九千點以上,頂多過一兩年就會下跌到四五千點,這個常發生的歷史經驗,告訴我們要在台股下跌前賣掉房子會比較有好的價錢,理由是股票指數高時人比較有錢,賣掉房子比較有利,如果等到指數到四五千點時,房子很可能是被套牢,這一套可能

是好幾年，而徐先生能撐這麼久長期付高房貸嗎？這會增加房
屋賤價虧錢求售甚至被法拍的機率，所以徐先生有三間投資房
產，我建議留一間不租，專心讓仲介帶看，希望在一年內以合
理利潤賣出，其他兩間就可以慢慢出租或付貸款，等後房價高
漲再獲利了結，這樣長期言，徐先生不至於生活的太緊。

　　投資房產，最保守的方式是先自住一段時間再獲利賣出，
或者不要一次買三間，可以自住一間投資一間，當然這要看個
人資產多少而定，原則上是不要太緊，因為經濟太緊的人，由
於生活壓力容易做錯投資決定。

三、作一張家庭收支預算統計表來控制自己的投資與花費

　　徐先生的平均月薪約為十二萬多，房貸就佔了約九萬元，
保費一個月約一萬塊，一個月只剩下兩萬塊來做生活費、繳稅
金等，雖然太太也有薪水但還是很緊，如果徐先生能先做好預
算表，就能做最壞打算，評量自己有無能力處理最壞的租不掉
賣不掉的狀況，如果能出租掉兩個投資房而租金能付掉房貸最
好，這樣徐先生不會太辛苦，但若預算表算出來，最壞情況會
讓徐先生的家庭過的太緊，甚至薪資一下降落在房子又租不掉
的光景，會讓徐先生的家庭經濟陷入困境，這時就要儘速賣掉
一房以降低風險。

故事八：善於操作房地產的崔先生

　　崔先生單身時很衝，在成家後投資就趨保守，會控制風險，然而也被倒會倒過兩三次，但越挫越勇，反而去買標會的書來研究，繼續努力；曾有好幾次在高價電子股如宏達電及鴻海等股賺到價差，他生性節儉也很重視風險控管，所以無論是基金、股票或房產都操作的不錯，除了跟會遭過滑鐵盧之外，其餘資產操作都績效不錯。

　　他投資房產不會一次買多，多半是買一間獲利一間，再投資第二間，所以手上的資金一直都會遊刃有餘，然而他喜歡買好地段的房子，不買預售屋，所以能很快的將房子出租，用租金抵掉房貸，如此他用別人的錢買屋再賺一次房屋差價的錢，這樣循環買賣幾回無往不利，這位生性節省的朋友投資是有一套，然而被我勸說過後，現在至少一年會帶家人出國旅遊一趟，免得不知賺錢是為何而賺？

☆ 主角所學的教訓及財務規劃師的建議

一、保本後再談報酬永遠是理財的鐵律

　　巴菲特也談過投資鐵率是不虧、不虧及不虧，風險控管就變的很重要。跟會是可以賺到利息，只是風險相對其他工具還是不低，所以會建議不選擇跟會。高價電子股相對風險高，但若努力研究其趨勢及基本面，而又有股息發放，同樣可以安全的買低賣高；而買到地段好的成屋，相對就容易有租金來繳納房貸，加上上漲的房價，獲利的機會也相對高，然而好房子難免價格會高，跟好股票一樣，因為價值高自然價格也會變高，而合理的股價與房價可由租金及股息或由歷史價格趨勢推估的

出來，只要買在平均價以下，又有租金或股息可領，相對就比較安全，而沒股息的股票或沒把握出租的房產就比較有風險，建議不要進場購買這樣的資產除非很有把握！

二、守財在先、投資第二、投機第三

我一向強調一個理財觀念，先用一個老本產生了年息一百萬或五十萬的生活費，這老本永遠不去動用減少，反而要增加它的數量，其他多的錢再來做投資或投機即使虧了也不怕！

老本生利息可藉由美國公債、收房租、高息股（參見股票篇）、儲蓄險等領利息，這些工具幾乎沒有風險，所以我稱之為守財，能做到守財的人會比較快得到財務自由，比如慢慢累積到兩千萬本金，只要放在一個保證年息五%的工具，如美國公債或高息股，就保證不工作就有年薪一百萬，而大多本金又可取回。

投資或投機需要選對股票、房產或基金標的，價格趨勢有深入研究及敏感度，就可以買低賣高，如果有獲利可將利潤丟到守財部分，增加老本與保證的年息。如果虧損也不會影響保證老本所生的年息。

我個人一直堅持這樣安全的原則，否則你如果將所有錢都投入投資或投機標的，若賺可能翻倍，但也可能一賠老本就不見，連生活費都沒了，以後可能需要看人臉色借貸度日，這樣怎麼會有安全感，所以請務必要有守財部分慢慢增多，能保證領息的績優高息股、美國公債、儲蓄險等保證領息的工具（房產、債券基金等也是穩定的工具，但因價格漲跌及未必租賣的

掉，所以嚴格說不是保證利息，當然高息股也未必保證配高息，如依安全度排序投資工具依序是儲蓄險、美國公債與高息股，此外必須要在匯率好時結匯換台幣，才不會有匯損）。

如果有一天您的本夠大，而保證領息能確定每年超過五十萬或一百萬或更多，能超過你的生活費，財務自由就來了！也許你是投資高手，所有錢都放在不保證的投資工具，也許你有財富翻倍的能耐，但我還是覺得你沒有安全的資產配置，你也可能財富翻倍，也有可能因為利空或情緒不佳投資錯誤，連老本都消失了！

三、年輕時投資可以衝，但要有投資技術以免越衝越虧

高息股的殖利率六%以上進場，四、五%以下就出場的策略是很安全的操作；基金的原則，選短中長期表現好的基金，定期定額買入，停利不停損也大多能獲利。然而單筆的買低賣高針對房產、基金或股票是進階的投資技術，要很確定投資標的之五年或十年的均價以下再進場投資，如果沒把握，我倒是覺得可以先從初階定期定額分批的購買基金或股票開始，等到對趨勢與均線更有研究與把握，再分批進單筆買低賣高，基本上所有的大勝利都是從小勝開始所累積小勝為大勝，很多人一次用大筆投資躁進，如果挫敗了可能讓人以後裹足不前了。

故事九：保險業務員賺了房屋價差與跟會卻賠了基金

　　歐小姐是某人壽公司的保險業務員，工作資歷有十三年之久，育有兩子，由於作保險銷售的工作，所以一年也買了幾十萬塊的儲蓄險及醫療壽險等，她通常會用固定銀行扣款扣保費，至於生活或教育費習慣用兩張信用卡扣款來了解支出狀況，會這樣也是因為曾經一度財務混亂，最後就想乾脆用一個銀行及兩張信用卡來做收支統計，她只要刷簿子及整理好信用卡帳單就知道一年的消費額度及流向為何。

　　跟婆家住了一段時間，發現婆媳間有些相處的問題，便建議先生在北市捷運站附近購買每坪約四十萬的預售屋，最後以三十五萬成交，當初購買有點急就章，只想擺脫人際衝突，卻讓歐小姐賺了一波房價上漲財，五年後房價升到一點八倍，這是意外的收穫解決掉人際問題同時又賺了錢。

　　房產賺了錢，她當初在自己買的投資型保單加碼了單筆數百萬的資源類基金，希望用自己專長賺一個波段，不幸遇到金融海嘯，情急下她覺要停損殺出，以免虧更多，那麼一停損就虧了近兩百萬真是不少錢，而定期定額續扣到如今，已變正報酬率，單筆基金的虧損讓她後悔當初在單一時點買太多基金沒配到息也虧了價差。

　　基金虧了錢，十幾年跟老朋友的會卻沒讓她失望，至今沒有倒過任何會反而賺了不少利息，這個給她不少的安慰。

　　歐小姐沒帶人，所以收入大多來自於銷售業績，所以薪水不是很穩定，業績好時薪水一年可到幾百萬，不好時年薪只有幾十萬。雖然一樣做的很賣力，結果卻差很多，所以現在她的理財方式偏保守，免得收入減少，不穩時仍有足夠的存糧可用。

☆ 主角所學的教訓及財務規劃師的建議

一、用分開的帳戶管理現金收支流量，能省卻不該花的錢並做適當的投資

如果你不知道你家的年收入是一百萬，卻支出了一百二十萬一年，長期來說你的老本遲早耗盡，如果你清楚知道自己的支出明細，可能旅遊、置裝費或給付母孝養金支出太多或是已夠省了但收入不夠多，知道狀況時就可以降低某些支出或者增加收入，收支表可以每月作一次，同時一年整理一次了解自己的結餘狀態。

二、不要聽明牌，想賺多就一骨腦兒投入太多錢容易受傷

歐小姐所犯的毛病很多人都有過，好的投資結果通常需要付代價。定期定額與分批往下投入基金或股票，永遠是安全的做法，如果大家建議您買哪支明牌時，最好先做些趨勢及標的的查詢，看看它的歷史表現、產業趨勢及它在同類型工具中的表現，有可能看到它現處於最高點，就不要進去，要靜候時機，往往大家喜歡一檔基金或股票時，正逢它的高點，因有利潤時多是高點，反而進去被套牢，所以為何有個擦皮鞋童理論，就是連擦皮鞋童或菜籃族都在談某檔標的時，就是要出場時，此時不宜進場。但理論知道是知道，很多人還是照樣進場，結果套牢後才後悔，如果很多專家談說哪個標的可投資，那就歸納她們講法後，再研究驗證確定是否該標的有上漲潛力，再分批在均價以下進場，尤其是要投一大筆金額時，然而也不要因分散風險買太多而買十幾支基金，這樣會很難選擇到

真正有往上趨勢的好基金，只要選個三檔以內甚至兩檔比較能集中心力研究觀察，這樣買低賣高的機率會提升。

三、收入若不穩定，最好控制長期的支出不要太多以免中途解約虧錢

歐小姐因為自己做保險就花不少錢買儲蓄險，儲蓄險往往是二十年期為大宗，如果業績不好時有可能繳不下去，反而需要減額繳清，結果未必划算，如果用短年期儲蓄險或儲蓄金額在短期以內就有能力繳完，這樣規劃比較穩妥。

我身邊有朋友年繳百萬儲蓄險也不稀奇，問題是他工作穩定、收入豐厚，同時老闆怎麼給他臉色看，他就是能堅持留下來領那份薪水。我的意思是說二十年是不算短的時間，如果存的金額太高，那麼可能工作或家庭的變數會讓後面的繳納變成壓力，是有些人有能力輕鬆繳完，但這畢竟是少數人，一般上班族還是要評估自己二十年能每年固定存多少錢，避免中途解約。

筆記

故事十：不作包租公要領債卷息

　　彭先生擔任包租公，希望領租當退休金，只是好像沒那麼好賺，他買下三重的一層三房公寓，整理好時共花了約九百多萬，租了半天，想收月租三萬卻沒人承租，最後乾脆用一萬五出租才租掉，結果年利息約兩%，如果扣掉每年的房屋地價稅及空屋期等只有一%多的利息，這報酬率也沒比定存好多少，不幸的是房客用一萬五租到三房的公寓卻常拖欠房租，搞到彭先生很頭大，他常抱怨收租收不到，變成他是房客一樣，收租很難收，後來發現房客有黑道背景常進出監獄，彭先生雖然害怕卻也聽從仲介的建議，決定寄發存證信函請不付租的房客七天內搬離，最後終於結束這段不快的包租公經驗。

　　他仍需要找個穩定配息的工具，銀行理專便介紹一檔債券基金讓他長期領息，他將房子賣掉花了四百萬買進一檔債券基金，發現領的年利息有六七%，比租金多不少，於是再把賣屋的餘錢五百多萬一次買入，另外又再買一檔債券基金分散風險，當領到不錯的利息幾年後，彭先生很滿意這樣的投資方式。但是遇到了金融海嘯，這個衝擊讓他的基金淨值一下子虧了兩成，等於一次虧掉三年的利息，之前賺的利息一次吐回去，那時心理頓時難過，後來聽理專規勸，放著遲早淨值會回來，因為基金體質不錯，彭先生似乎不接受這建議也不行，等了三年真的淨值回來了且上漲，彭先生似乎對這個工具重萌信心，只是那套牢的三年讓他思考，基金應該是否也要設停損及停利點。

　　彭先生後來認識了我，我介紹香港的公債給他，他一筆買入十萬美金面額的公債，了解本金至少八九成還是會回來，又能年領五三七五美金，約當十六萬台幣年息五點三七五%，他覺得這工具不用花時間又有利息領，大多本金也會回來，感覺也不錯！

☆ 主角所學的教訓及財務規劃師的建議

一、當房東要有心理準備，學習挑房客，也學習處理不繳租或麻煩事

　　想一下，「賺錢本來就不容易」，這樣我們就會想付代價處理麻煩事。我認為房客的挑選最好選擇直覺正派有正當工作的人，我曾經遇到一個女房客，身材窈窕穿著性感，我不疑有他便與她簽約，結果不久後就問題連連，原來她帶一個大哥入住，沒通知我。管理員告知我，她們常吵架、打架，影響到鄰居；也遇過一位仲介帶來的房客，我直覺看到他的臉就覺得有很重的江湖味，但因為需要房租我就簽約了，半年後發現他常拖欠房租，講很久都閃我、避我，由於有一次我看到他腳上都刺龍刺鳳，我有點嚇自己的沒很積極的處理，後來他經常性的房租拖欠，導致問題越來越大，最後我還是依法寫存證信函，並發簡訊通知他要依法繳租，否則報警及提告，真的要執行法律時才有轉機，所以我認為挑客戶時要先跟仲介說，如果直覺不對寧願不租，我知道仲介帶看辛苦好不容易，有人要租他會希望房東租他，但未來引起的負面效應會讓房東付更大的代價。挑人不易，但至少房東能直覺看對方正派及有正常工作才租時至少過濾了客戶，然而房客年紀也不要太大，比如超過五十歲，因為有可能付不租金又死在裡面，上次租給一位五十歲的警衛先生，後來失去工作後沒錢繳租，連一個月三千都繳不出來，連續四個月不繳租，我請他搬離一共快花了快五個月的時間，還好他妹妹有結清款項否則我虧大了，結果請走不繳

租的賴皮房客，房屋磁場變好，後續來的都是穩定繳租的上班族，一住就是好幾年。

二、買債券基金也需要在低點進場，免得賺了利息賠了價差，同時也要設停損及停利點

基本上停利及停損點設在一成就可以，因為債卷基金波動不大。我買了一檔公司債，當虧一成時心理不免難過，但公司債只要公司不倒，到期仍可還本，我可算得到我的收益，不像基金沒有保證還本，難過歸難過，我還是放著領息了。

三、如果不想麻煩就想領不錯的利息度日，我仍認為美國公債是最佳的標的

債券基金及高息股仍需要停損及停利，發的利息或股利也不是年年保證，所以還是要加減花心思經營，而美國公債只要在價格不太高的情況進場，長年領息領到二三十年後本金八九成回來，完全不用花心思，我覺反倒是有不斷的現金流的好方法，問題是本金要夠大利息才會多，不過它提供的現金殖利率有四%多，是定存的四倍。

故事十一：菜鳥理專憑著毅力與決心，拿到碩士學位年薪百萬買了北市屋

　　王小姐畢業於台北大學研究所，由於家境清寒，所以從大學開始就申請助學貸款，就學期間努力打工及讀書，因為有金錢的需求，老家住南部而父母都以務農維生，所以沒辦法提供太多經濟上的幫助給她，就是因為看到父母沒有好的學歷，王小姐深知她需要把書念好才有機會突破困境，所以考到的大學及研究所都是國立的，幾乎生活費都靠自己在麥當勞或當家教所賺的錢來維持，因為是中低收入戶，所以能爭取到許多獎學金、補助學費，也可以申請到較便宜的學校宿舍住宿，這樣可以省下很多開銷，即便如此，她在研究所畢業時仍有許多助學貸款要支付，研究所就讀商研所，也考過許多證照，所以就去申請銀行理專的工作，剛開始不大順利，因為沒有工作經驗，最後終於被一家銀行錄用。

　　節儉的王小姐有三十萬的存款，但因要做投資或急用便不急著還助學貸款，倒是工作一年後，她一直想要買一間自己的房子，只是目前她仍是菜鳥理專，每個月月薪只有兩三萬，她支付助學貸款不成問題，因為一個月約付四千五約七八年可還完，所以她就想買間房子實現夢想，結束那租屋沒歸屬感的日子，因她總認為有自己的房子才會有根的感覺，否則常感到居無定所的不安定感，想著想著就真的貸款了七八百萬買下了新北市看的房子，一個月需支付貸款四萬元，由於貸款超過自己的本薪，不夠的只能靠績效業績獎金來支付，這位二十五歲的王小姐很敢做決定，只是貸款超過她的本薪很多，使她決定先用頭三年的利息繳納，希望三年內房屋增值可獲利出場或者三年後她薪資三級跳，能足以支付房貸與助學貸款。她買的房子三年後的確漲了一兩成，而努力工作的她的確受上司賞識從年薪只有三十萬的菜鳥理專變成年薪近一百五十萬的明星理專。

　　她的確有條件，她聰明漂亮善於溝通，又有國立大學的商學碩士學位，這三年中也交了男朋友，一切都是那麼順遂，當父母從南部鄉下來看她時，住在她新北市的房子，覺得女兒真不簡單，這

些成就都是她自己上進拼來的。王小姐由於讀的是商研所,又在銀行擔任理專,所以經常操作股票、基金或外匯,剛開始沒經驗有小額虧過套牢過,但很快就學到教訓,把教訓應用到下次的投資,所以績效越來越好,她教客戶獲利就出場不需紙上富貴,看到她買的房子有漲,便再買一間房子租人,也認為獲利買房有保值作用,同時因買在林口地段好的地方,收的租金能抵過房貸。王小姐一切盡都順利宛如電影情節一般,年輕的她吃過很多苦因為出生農家,所以有一種補償心理,就是如果賺到錢她希望能享用以前沒享用過的事物,現在她每年會帶父母出國旅遊一趟,因控管資金所以旅遊會限定到大陸及東南亞,等以後更富有再往歐美去旅遊,然而每每投資獲利她會不吝請客,特別是在學及就業有幫助過她的朋友,她很喜歡這種拿出部分獲利去享受的感覺。

☆ 主角所學的教訓及財務規劃師的建議

一、好的學歷及企圖心可幫助成功,但也不保證一定順遂

　　我國中同學中有我與另外一位同學到美國念MBA,兩人都在四十歲出頭有退休能力,他確定辭掉工作專心與妻女享受退休生活,我則繼續工作因為害怕無聊,我們班有五十多個同學,為何是這兩位留美的同學有能力即早退休,我在想好機會與好學歷是重要因素之一;我留學生讀書會有兩位女會員很早就能在台北市買房子,而其他的會友望塵莫及,同樣這兩位女會友也是留美的企管碩士,所以我感覺賺錢多少跟學歷及所讀科系有關係,所以倘若可行,能往上念盡量念,因為統計及經驗告訴我們,獲財能力的確跟學歷有蠻強的正相關,至少求職比較容易被錄取,所以相對機會也比較多,然而這也不代表學

歷好一定比較會賺錢，比如讀到博士找不到教職，薪水肯定受影響也不穩定，王小姐是因能吃苦又肯做所以幸運之神眷顧她。

二、保守操作讓未來更在掌控中

如果王小姐不適應理專生活，最後業績不良黯然離開銀行業，或者業績表現勉強可以，但薪水不見提升，她所買的房子可能就慘遭斷頭，因為她的月薪只有兩萬多，而房貸過三年後月付款會變成四萬多，已超過她的負擔範圍，所以如果保守操作，最好是能存到自備款式房價的三成，月貸款是月薪的三分之一，比較能負擔，好比她現在如果買間五六百萬的房子，付個兩百萬的頭款，貸款四百萬月付約兩萬，這個數字她還能負擔，而一般人打的算盤普遍是購屋頭三年只繳月利息，也許是一萬多，一等到房屋增值就賣掉房子獲利出場，這個算盤打的好，但也要做最壞打算，如果沒增值，甚至賣不掉，不就又背負著高房貸，像王小姐的月薪若沒增加，那不就房子會被法拍豈不更虧，所以我會建議有怎樣穩定的月薪去決定能負擔的貸款與頭款比較安全，通常會用三三分配，就是頭款佔房價的三分之一，及月貸款佔月薪的三分之一。

三、有獲利就抽部分來享用、請客，這是心理學的增強原則

許多人喜歡賺錢卻不會或沒時間花錢，人生苦短，如果只為賺錢而賺錢那種喜樂好像不那麼大，但確實有很多人會賺錢，卻不知道要做什麼享受，就是不會享用錢。我有點這種傾向，因為以前很窮，每天總是節儉度日，所以我現在在學如何

享用錢,慢慢的我學會拿錢去出國旅遊、喝咖啡,帶家人去六福村玩、週末上館子,在好社區買間不貴的房子居住,最近又學著付學費去上電腦課,或去買一件新衣服(你知道嗎?我可以穿一件百貨公司清倉拍賣八百塊的西裝一穿就是十年也捨不得丟,我甚至會穿這八百塊西裝上講台領大獎,然而沒人知道這件西裝八百塊),所以學習把部份投資獲利作為學習或與親友分享是件愉快的事!

故事十二：注重享受的社會新鮮人

　　我的客戶合勤科技的張小姐，約二十四歲，剛畢業於國立清華大學，條件很好收入也不錯，當我初次與她見面要幫她做財務規劃時，當問到她每月收入減支出盈餘為何時，發現她的每月盈餘是零甚至有時是負，的所以有卡債，詢問之下發現她經常去旅遊，一趟國內旅遊五六千不嫌多，國外一趟兩萬塊算經濟型的，吃美食一餐三五百塊不算多，買名牌一個LV包包三五萬不算貴，她是典型的月光族。

　　另外一位客戶林小姐年紀相當，擔任中原大學的行政助理，薪水不高，月薪約兩萬多，林小姐生活與交往單純，平時不作高額消費，比如KTV或吃高檔餐廳的餐點，穿著大多採購於平價商店，不會購買名牌，休閒時間大多花在免費圖書館、二輪電影院或平價咖啡廳，日子過的還算愜意，卻在短短三年內存到了五十萬元。

☆ 主角所學的教訓及財務規劃師的建議

　　她們同樣是同齡的女性社會新鮮人，有趣的是薪水較低的林小姐卻存到了第一桶金，而條件好的張小姐卻在負債中。

　　許多年輕人主張要活在當下，不需要為不確定的未來存錢，我也認同要活在當下享受當下，我也看過有人很年輕就走了，沒享受到勞碌所得。只是統計的觀點來看，絕大多數的女性活到八十六歲，而男性活到七十六歲，在有收入時把收入花光，請問沒收入的二十年或三十年日子怎麼過？沒錢就沒有自由也不會有尊嚴，因為買什麼都需要錢。

　　林小姐不是守財奴，卻也能享受當下，她該做的休閒也有做並樂在其中，只是她的休閒娛樂比較經濟實惠，以致於她硬

生生不用投資，用不高的薪水仍能在三年內存到五十萬元。

　　幾乎大多的財務專家都認同，要錢滾錢首先就要累積一定的本金效益才會大。我個人是屬於節儉型的人，我很難想像有人會用錢不節制甚至如流水，隨著我有很多閱歷後，還真的發現有些人真的花錢不會節制，看到什麼想買就買，現金不夠刷卡再說，反正卡債慢慢付，沒有預算觀念。上文中的張小姐可能是抵抗不住物慾的吸引而購買，她的優點是年輕比較好救(我曾協助過年紀較大的客戶，因為消費習慣已固定，我勸他們要盡量控制支出小於收入，還是不聽我勸照樣消費，我判斷是她們已經習慣那樣的消費模式，即使沒錢也會刷卡消費)所以我會建議張小姐以下幾點：

一、強迫且自動化的儲蓄或投資

　　張小姐要抵抗物慾的吸引實屬不易，所以要用紀律強制的方法來抵抗，月薪一發下時就馬上在薪轉銀行設定扣兩成作為投資或儲蓄，比如月薪兩萬五的兩成五千元自動存入定存基金、儲蓄險或投資型保單等，零股是好工具，但因不能自動化存錢，我認為不合適，強迫儲蓄有可能存兩次就忘了續存了，強迫存的金額可以自己先用月薪扣掉每月必要開銷後來決定數額。

　　台北市的單身上班族食衣住行育樂可能一個月就花掉兩萬塊，一天吃中餐晚餐兩個便當最省一百五，早餐五十再喝杯飲料五十，加水果五十元，一天餐費約三百一個月約九千，若不住月租一萬的套房而租月租七千的雅房，交通費一個月兩千，

月娛樂費算兩千，不算置裝費的情況，一個月就至少要花兩萬了。我曾經在台北工作過知道很難存錢，只是個人還是可以節流，建議張小姐只用現金不用信用卡消費。

上文中的林小姐在中壢工作，且吃住在家裏，所以錢存的快，也沒有忽略掉休閒娛樂，所以張小姐可以考慮加薪或換工作，若加薪不成，可想想有沒有機會回故鄉工作，省下龐大的吃住開銷。業務性的工作收入可能會高些，如果業績好的話。倘若工作十年的月薪一直都是兩萬五，那麼扣掉基本月支出兩萬，結餘五千累積十年也不過存了六十萬而已，而林小姐只要傻傻的存十年，就能存到約一百六十六萬，幾乎是張小姐的三倍之多，本金不同投資效益也會差三倍，比如六十萬放在年報酬五%的工具利息為三萬元，約一個月兩千五的利息，若放一百六十六萬，年利息為八點三萬元，約一個月領七千元，年報酬五%，很容易藉著買張中華電信或台塑股票就達到目標，兩位小姐的非工資收入（月利息）就差了兩三倍。

說現實些，倘若兩位小姐十年後都不想工作又未婚，沒有老公可靠時，林小姐住中壢老家有一個月七千元的非工資收入（本金一六六萬還在喔），日子還可以過的下去；張小姐一個月兩千五的非工資收入（本金六十萬元），在台北市恐怕只能繳水電瓦斯費，恐怕手機費都付不清，只能被迫回老家了。所以存到一定金額的本金才會產生理財的效益。上文中兩位小姐也可以用每月存績優股零股（需要每月買進）或定期定額基金的方式來累積財富，但對於較需節制的張小姐，我建議乾脆考慮用固定利息的短年期的儲蓄險或零存整付的每月定存，比較能強制儲蓄以

克服花錢的衝動，因儲蓄帶點強迫性才存的到錢，否則能輕易贖回可能就花掉了。

信用卡對於能節制開銷的人可作消費紀錄，但對於張小姐卻是一個超支的誘惑，因為刷卡太容易。

二、逛街時當想買一件東西時，先想想這個是想要還是需要的東西

如果是需要的，就再想有哪裡可買到成本更低的取代品，如果時間成本不高就可去買低成本的取代品來使用。

若是想要的東西，那最好是在預算內比如月薪的一成內來購買，一個月內限定只能用此限額。我自己很謹守這個原則，我很少會買百貨公司的商品，除非打折拍賣才有可能。很多家用商品我都能在十元商店貨量販店一次購足，這樣我節省了時間與成本。當我與老婆想看個電影時，不大會去看院線片，因為一場兩三百元，我們一家就要花個近千元了，取而代之，我們會到二輪電影院看一場一百二的電影，其實片子還算蠻新的，甚至我們會等到新片在DVD店面上架時，再用一百塊租借讓全家看，看完之後再給親友看一遍才還給店面，真是物盡其用。別人喝一杯一百五的咖啡，我們可以花個四十塊也喝到香醇的咖啡，諸如此類的用較低成本滿足我們的需求(我們家的開支都在我身上，我老婆的薪水自己存起來)，所以我存錢的速度就比較快，至今我的本金所生的年利息，已足夠源源不斷的支付家庭一生的開銷，所以有趣的是我們變的更有選擇權，現在只要我們高興就可以直接喝個一百五的咖啡，想看個兩百塊

的電影就去看，甚至我們夫婦每半年就會出國旅遊一趟，這樣的消費不低，不是一般家庭能作的到，原因就是因為我年輕時（四十歲以前）盡量開源節流、儲蓄投資，四十以後我可以不用哪麼省，因為有賺到存到錢了，我不會奢侈花費，但因本金所生出不少的利息，能讓我家過優渥有品質的生活了，我的哲學就是「寧可辛苦一陣子，再來享受一輩子」而不要「辛苦一輩子」。

筆記

國家圖書館出版品預行編目資料

平民百萬富翁教戰手則：60個日常生活理財實例 / 羅守至著. --
初版. -- 臺北市：博客思, 2014.3
　　面；　公分
　　　ISBN 978-986-5789-11-4(平裝)
　　1.理財
　　563　　　　　　　　　　　　　　102023136

投資理財系列6

平民百萬富翁教戰手則
——60個日常生活理財實例

作　　者：羅守至
編　　輯：張加君
美　　編：林育雯
封面 設計：鄭荷婷
出 版 者：博客思出版事業網
發　　行：博客思出版事業網
地　　址：台北市中正區重慶南路1段121號8樓之14
電　　話：(02)2331-1675或(02)2331-1691
傳　　真：(02)2382-6225
E—MAIL：books5w@yahoo.com.tw或books5w@gmail.com
網路書店：http://store.pchome.com.tw/yesbooks/
　　　　　　http://www.5w.com.tw、華文網路書店、三民書局
總 經 銷：成信文化事業股份有限公司
劃撥 戶名：蘭臺出版社 帳號：18995335
網路 書店：博客來網路書店 http://www.books.com.tw
香港 代理：香港聯合零售有限公司
地　　址：香港新界大蒲汀麗路36號中華商務印刷大樓
　　　　　　C&C Building, 36,Ting, Lai, Road, Tai,Po, New,Territories
電　　話：(852)2150-2100　　傳真：(852)2356-0735
總 經 銷：廈門外圖集團有限公司
地　　址：廈門市湖裡區悅華路8號4樓
電　　話：86-592-2230177 傳　真：86-592-5365089
出版日期：2014年3月 初版
定　　價：新臺幣280元整（平裝）
ISBN：978-986-5789-11-4